푸코와 몸에 대한 전략

홍 은 영 지음

푸코와 몸에 대한 전략

홍 은 영 지음

철학과현실사

미셸 푸코(Michel Foucault, 1926~1984)

1926 _ 10월 15일 프랑스의 프와티에에서 태어남.
1946 _ 파리 윌름가의 고등사범학교에 입학.
1948 _ 파리 고등사범학교에서 수학. 알튀세를 만나 교류.
1949 _ 소르본대학에서 철학사와 심리학사 학위를 받음.
1950 _ 공산당에 가입, 그러나 2년이 채 되지 않아 떠남.
1951 _ 철학 교수 자격 획득.
1952 _ 작곡가 바라케와 교류함.
1953 _ 알튀세의 뒤를 이어 파리 고등사범학교의 조교가 됨.
1954 _ 『정신병과 인격』을 펴냄.
라캉의 초기 세미나에 참석함.
1955 _ 스웨덴의 웁살라로 프랑스 문화원장이 되어 떠남.
롤랑 바르트와 교류하기 시작함.
1957 _ 레몽 루셀의 작품 발견.
1958 _ 스웨덴을 떠나 폴란드로 감.
1959 _ 바르샤바를 떠나며 독일 함부르크의 프랑스 연구소장이 됨.
1960 _ 다니엘 드페르를 만나 오랜 관계가 지속됨.
클레르 몽페랑 대학의 심리학과 교수가 됨.
『고전주의 시대의 광기의 역사』를 출판함.

1961 _ 소르본대학에서 국가 박사학위 취득 논문 심사가 이루어짐.
1962 _ 클레르 몽페랑 대학의 심리학과에서 정교수가 됨.
들뢰즈와 친교를 가짐.
1963 _ *Critique*의 편집위원이 됨.
1966 _ 갈리마르 출판사에서 『말과 사물』을 출판함.
한 달 안에 초판이 모두 팔려나감.
1968 _ 튀니지에 체류할 무렵, 5월 사건이 일어남.
벵센대학에서 1년간 철학을 가르침.
벵센 실험 대학 설립에 참여.
1969 _ 갈리마르 출판사에서 『지식의 고고학』이 출판됨.
1970 _ 장 이폴리트의 뒤를 이어 꼴레주 드 프랑스의 교수가 됨.
사상 체계의 역사를 가르침.
『담론의 질서』라는 제목으로 취임 강연을 함
1971 _ 감옥에 관한 정보 그룹(GIP)을 조직하여 새로운 형태의 정치 실천을 고안.
1972 _ 갈리마르 출판사에서 『광기의 역사』를 다시 출판함.
1973 _ 사르트르와 클라벨과 교류.
1975 _ 갈리마르 출판사에서 『감시와 처벌』을 출판함.
1976 _ 갈리마르에서 『성의 역사 1』이 출판됨.
1984 _ 갈리마르에서 『성의 역사 2』가 출판됨.
6월 25일 AIDS로 사망함.

머 리 말

"주체와 권력"의 서두에서 푸코는 자신의 연구작업의 목표를 분명히 밝힌 바 있다. 간단히 말해서 그가 드러내고자 하는 것은 이론이나 방법론이 아니다. 그렇다고 권력 현상을 단순히 분석하거나 이러한 분석에 필요한 이론을 단순히 제공하려는 것도 아니다. 오히려, 그는 인간 주체화의 상이한 양식들의 역사(une histoire des differents modes de subjectivation de l'être humain)를 산출하려고 시도한다. 즉 그는 인간 존재를 주체로 변형시키는 대상화의 세 가지 양식을 다루고자 한다.

우선 『지식의 고고학』에서 그는 고고학적 방법의 중심 요소인 담론 형성의 규칙들과 언표의 개념을 분석하고, 언표 개념을 통하여 주체와 대상세계의 관계 형식들을 밝혀낸다. 그러한 과정에서 그는 어떻게 주체가 담론의 공간에 자리잡게 되는지를 제시하고, 담론적 형성들 — 대상의 형성(la formation des concepts), 전략의 형성(la formation des stratégies) — 에 접근한다. 이것은 언표의 형성과 변환의 일반 체계를 드러내기 위한 기획이다.

푸코는 또한 규범적 나눔(un partage normatif)의 대상으로서 뿐만 아니라 인식의 대상으로 될 수 있는 주체의 구성 과정을 분석하려고 시도한다. 이러한 푸코의 작업은 정신의학 실천, 임상의학의 실천, 처벌의 실천 등을 분석함으로써 이루어졌으며, 『광기의 역사』, 『임상의학의 탄생』, 『감시와 처벌』 등에 잘 나타나 있다.

다음으로, 그는 인간 자신이 대상으로 설정되는 '주체의 구성' 과정에 대해 검토한다. 즉 자신을 지식의 대상으로, 요컨대 그의 작업의 중심 주제는 권력이 아니라 주체인 셈이다. 그러므로 그는 대상에 대한 관계의 형식적 조건들을 규정하는 것보다는 오히려 주체가 어떤 조건에 종속되어 있으며 현실적으로 어떤 조건을 점유하고 있는가를 규정하려고 시도한다. 『성의 역사』에서 다루어지는 것은 바로 자기 자신에 대해 자신을 대상화하는 '주체의 구성'에 관련되어 있다. 이른바 주체가 진리 놀이(jeu de vérité) 안에 대상으로 끼워 넣어질 수 있는 양식들에 대한 연구가 이루어진다.

그는 이미 확립되어 있는 개념들인 권력, 주체, 자유의 개념들에 대해 끊임없이 반성, 분석하지만 그가 사용하는 이러한 개념들은 사실상 기존의 개념들과는 근본적으로 다른 의미를 담고 있다. 그러나 재미있는 것은, 이러한 개념들을 다른 방식으로 개념화하지만, 그는 그러한 개념들을 동일한 정치, 사회 현상들에 적용한다는 점이다.

푸코는 우리에게 "권력이론이 진정 필요한 것인가?"라는 질문을 던진 뒤에, 이론이란 사전에 객관화 작업을 전제로 하기 때문에, 분석 작업의 기초로 사용될 수 없다는 결론을 내린다. 그렇지만 그와 같은 분석 작업은 지속적인 개념화 작업을 통하지 않고는 불가능하기 때문에, 그 또한 자신의 분석 작업을 전개하기 위해 개념화 작업을 시도한다. 물론 이때 그가 의미하는 개념화란 비판적 사고, 즉 끊임없이 개념을 확인하는 작업을 뜻한다. 이것은 바로 우리가 그의 기획을 '사유의 비판적 역사'(l'histoire critique de la pensée)라고 부르는 이유이다. 물론 이러한 의미에서, 사유의 비판적 역사는 획득의 역사나 진리 엄폐의 역사가 아니라 진리 게임 출현의 역사이다.

푸코에게 항상 전면에 등장하는 문제는 바로 주체와 진리의 관계에 관한 것이다. 그는 어떻게 주체가 특정한 놀이 안으로 들어오게 되는가에 근본적인 물음을 제기한다. 어떤 경로를 거쳐 광기가 감금의 대상 및 질병으로 간주되어 때로는 격리의 대상으로 또 때로는 치료의 대상으로 분류되고 지식과 맞물리게 되는지를 분석한다. 여기서 중요한 것은 주체가 종속되는 조건과 주체가 점유하게 되는 위치 및 조절 체계이다. 또 다른 한편으로는 그것이 어떻게 우리의 인식 대상으로 부각되어 문제화될 수 있느냐이다. 여기서는 대상화의 양식을 결정하는 것(une détermination de mode d'objectivation)이 문제이다.

이러한 대상화와 주체화는 물론 상호 독립적인 것은 아니다. 진리 놀이가 태어나는 것 또한 바로 양자의 상호 전개와 상호 관계 속에서이다. 그러므로 이러한 주체는 현상학적 주체나 실존적 주체와는 근본적으로 다르다. 그것은 또한 항상적이고 불변하며 안정된 실체가 아니라 권력 관계에 의해 구성되는 하나의 형식이다. 문제는 바로 진리 놀이 관계 속에 놓여 있는 주체가 갖는 이러한 상이한 형식들의 역사적 구성이라고 할 수 있다.

데카르트가 보편적(universel), 무역사적(non-historique) 주체로서의 자아를 설정하고 그것을 정초하는 데 몰두하고, 칸트이래 철학의 역할은 경험에 주어진 것의 한계를 이성이 넘지 못하도록 하는 것에 주안점을 두었다면, 푸코의 관심사는 "권력 관계들이 어떻게 합리화되는가?", "우리는 바로 이 순간에 어떤 합리성의 형식 속에 살고 있는가?", "우리는 누구인가?"이다.

이러한 문제의식과 물음들에 비교적 쉽게 접근하기 위해서는 그가 주체를 구성하는 인간의 몸을 둘러싸고 벌어지는 권력 관계와 지식의 문제에 어떻게 접근하여 그 전략들을 들추어내고 풀어 보이는가를 살펴볼 필요가 있으며, 또한 그러한 접근의 성과가 무엇인지를 가늠해 볼 필요가 있다. 그래서 이 책에서는 인간 정신의 문제와 관련하여 나눔의 문제를 제기했던 『광기의 역사』, 인간 신체에 규율과 훈육을 가하고 비행을 양산하는 권력의 모습을 폭로하는 『감시와 처벌』, 그리고 성을 매개로 벌어지는 권력의 흐름과 전략들을 앎에의 의지와 연관지어 규명하는 『성의 역사 1』이 주요 텍스트로 활용된다.

이 책의 1장에서는 푸코의 초기 방법론인 고고학의 방법론적 틀과 이 방법에서 결과하는 철학적 성과와 의미를 살펴보고 그가 인식의 가능조건들을 어떻게 천착해 나가는가를 추적하며, 계보학으로 방법론적 이동을 하게 되는 배경과 이유 및 경로를 탐색한다. 아울러 니체의 철학적 방법과 푸코 방법의 근친 관계를 드러내 보임으로써 푸코 사상의 윤곽을 더 명확하게 조명한다.

2장에서는 광기에 대한 경험을 구성하고 광기에 관한 언어를 전개시키는 방법을 추적함으로써 이성주의에 이의를 제기하는 푸코의 분석이 정상과 비정상의 문제 및 현대 정신의학에 어떤 영향을 미쳤는가를 검토해 본다.

3장에서는 신체에 대한 규율과 권력 메커니즘이 어떤 형태로 맞물려 인간의 몸을 통제하고 적절하게 생산해 내는가를 처벌의 역사를 따라 살펴봄으로써 범죄자가 지식의 주체로 되어 가는 과정뿐만 아니라 형벌 실천 과정을 통하여 처벌과 범죄학의 대상이 되어 가는 과정을 살펴본다.

4장에서는 성과 관련된 억압 가설에 대해 푸코가 어떻게 반론을 제기하는가를 살펴보고, 성이 과학화되는 과정 및 성적 욕망의 장치가 작용하는 영역과 전략을 추적한다. 이러한 과정에서 종래의 억압적 금기적 권력 개념과 푸코의 권력 개념이 어떻게 구분되어 나타나는가를 검토하고, 인간의 생명을 통제 관리하는 권력으로 그 영역과 범위를 확장해 나가는 권력의 전략을 '피의 상징학'에서 '성적 욕망의 분석학'으로 이동하는 절차와 틀 속에서 이해하고자 한다.

끝으로 결론에서는 인간의 몸이 규율이 작동하는 거점으로서 성적 욕망의 장치에 의해 관리되는 지점과 매개체로서 어떻게 기능해 왔는가를 살피고, 푸코의 문제 제기가 갖는 의미와 성과 및 철학적 함의를 총괄적으로 검토한다.

20세기에 아마도 푸코만큼 여러 학문 분야에 걸쳐 영향을 미친 사상가는 그리 많지 않을 것이다. 그러나 그의 저작들이 갖고 있는 난해함과 복잡성은 독자로 하여금 쉽게 그의 사상에 다가가기 어렵게 만든다. 여러 해설서와 번역서가 출간되었음에도 혼돈에서 빠져나오지 못하고 있는 우리의 실정이 그것을 예증한다. 이러한 상황에서 이 책이 미흡하나마 푸코 사상 이해에 도움이 된다면 더 이상 바랄 것이 없다.

섹슈얼리티의 문제든 권력의 문제든, 그 작동 지점이 바로 정신과 육체를 포함한 개념인 인간의 몸이라는 것을 부정할 사람은 아무도 없다. 일찍이 이러한 문제를 사회 정치 철학적 측면에서 접근하여 풀어 해명하려 했던 철학자가 바로 미셸 푸코(Michel Foucault)이다.

대학에서의 강의를 통해 나는 많은 학생들이 현대적 담론의 핵심인 '몸'에 관해 많은 호기심을 갖고 있을 뿐만 아니라 학문적 접근을 시도하려고 노력하고 있음을 관찰할 수 있었다. 이 시기에 나는 신체 규율의 문제와 비이성의 담론을 중심으로 짧은 소논문("푸코와 몸, 그리고 보이지 않는 권력")을 학회에 발표한 바 있는데, 이 논문이 이 책을 쓰는 데 큰 힘이 되었고 그것을 토대로 푸코 초기 방법론의 변화에 대한 흐름에서 성 담론 및 생명 통치 권력의 문제까지 확장할 수 있었다.

끝으로 이 자리를 빌어, 철학을 공부하기 시작하면서부터 내게 늘 지원과 배려를 아끼지 않으시며 격려를 해주

시는 신일철 선생님께 깊은 감사의 마음을 전하고 싶다. 그리고 보잘것없는 이 원고를 책으로 만드는 데 흔쾌히 동의해 주신 철학과현실사에 진심으로 감사드린다.

2004년 5월

홍 은 영

차 례

1 장

'역사 다르게 읽기'의 방법

— 푸코의 고고학과 계보학

1. 고고학적 방법

우리는 일정한 형태로 늘 무언가를 바라보며 생각하고 말한다. 실제로, 이러한 지적 활동에서 떠나 있는 시간이란 거의 없다. 심지어 잠잘 때도 꿈속에서 무언가를 생각하며 바라보고 있기 때문이다. 그렇다면 우리는 어떤 인식의 조건이나 틀 속에서 이런 작업을 끊임없이 반복하는 것일까? 우리로 하여금 일정한 사태에 직면하도록 이끄는 힘은 무엇인가? 또 우리가 사유할 수 없는 것은 어떤 형태의 것들인가? 말할 수 있는 것과 말할 수 없는 것, 볼 수 있는 것과 볼 수 없는 것을 규정하는 것은 무엇인가?

푸코는 『말과 사물』의 서론에서, '일정한 시기에 직면하게 되는 사유의 한계' 즉, '사유가 불가능하다는 것'이 어떤 의미를 담고 있는지에 대해 보르헤스(1899~1986)의 텍스트를 통하여 자연스럽게 열어 보인다.

"이 책[1]의 발상은 보르헤스의 한 원문으로부터 유래한다. 즉, 그의 원문을 읽었을 때, 지금까지 간직해 온 나의 사고－우리의 시대와 풍토를 각인해 주는 우리 자신의 사고－의 전 지평을 산산이 부수어 버린 웃음으로부터 연유한다. 그 웃음과 더불어, 우리가 현존하는 수많은 생명체들을 정돈하는 데 상용해 온 모든 정렬된 표층과 평면이 해체되었는가 하면, 오래 전부터 용인되어 온 동일자와 타자 사이의 관행적인 구별은 계속 혼란에 빠지고 붕괴의 위협을 받았다. 이 원문은 다음과 같이 기록하고 있는 중국의 한 백과사전을 인용하고 있다; '동물들은 다음과 같이 분류된다. ① 황제에 속하는 동물, ② 향료로 처리되어 방부 보존된 동물, ③ 사육 동물들, ④ 젖먹이 돼지들, ⑤ 인어들, ⑥ 전설상의 동물들, ⑦ 광폭한 동물들, ⑧ 셀 수 없는 동물, ⑨ 낙타털과 같이 미세한 털로 그려질 수 있는 동물들, ⑩ 기타 등등, ⑪ 물 단지를 깨트린 동물

---

1) 이 책이란 바로 자신의 저서인 *Les mots et les choses* (Paris: Gallimard, 1966)을 가리킨다(이하 MC로 줄임).

들, ⑫ 멀리서 볼 때 파리처럼 보이는 동물들', 이와 같은 분류법과 우화를 통해 우리에게 매우 낯선 사유 체계의 이국적인 매력으로 드러나는 것에 대해 경탄하는 가운데, 우리가 단번에 감지할 수 있는 것은 우리의 사고의 한계, 즉 바로 '이것'에 대한 사유의 불가능성이다."[2]

푸코는 이 글을 통해 사유 불가능한 하나의 사태에 직면하여 자신이 느낀 공허감과 당혹감을 서술하고 있다. 낯설다 못해 웃음으로까지 이어지는 이러한 상황은 어디에서 유래하는 것일까? 푸코는 상호간에 어떤 관계도 가질 것 같지 않아 보이는 사물들의 돌연한 근접 앞에서 이러한 기괴한 병치를 가능케 하는 인식의 근거에 근본적인 물음을 던진다. 이러한 사태 앞에서 그가 보인 웃음은 부적합한 사물들 간의 상호 연접보다 더 심한 종류의 혼란이 있을지도 모른다는 의혹 때문에 생겨난다.

우리는 부지불식간에 우리가 삶 속에서 만나는 대상들을 끊임없이 분절한다. 그리하여 어떤 것들을 일정한 틀 속에 가두기도 하고 배제하기도 하며, 동지와 적을 구분하

---

2) MC, p.7.

기도 하고, 정상과 비정상, 건강한 사람과 환자, 법칙 준수자와 범법자, 객관적인 것과 주관적인 것, 정의와 불의, 진리와 거짓 등을 일정한 기준에 따라 나누기도 한다.

자세히 살펴보면, 우리의 삶이란 복합적인 그물망을 통해 걸러진 잔유물의 흔적들 위에 기대어 있는 모호한 그림자임을 쉽게 알 수 있다. 견고한 토대나 영원한 진리, 그리고 객관적 기준 등에 의해 마련된 틀에 따라 언제나 변함 없이 일정한 방향을 향하여 움직이고 있지 않은 것이다. 우리가 디디고 있는 그물이 항구 불변의 객관적 타당성을 지닌 절대적인 것이라면 앞서 푸코가 직면한 식의 당혹감을 느낄 기회가 우리에게 주어지지 않을 것이다.

푸코는 이러한 문제의식 속에서 우리의 분절 과정이 우리가 생각하는 것처럼 그렇게 객관적이지도 근본적이지도 않음을 보이고자 시도한다. 그리하여 지금까지의 사유 역사가 동일자의 체계 속에서 유토피아(utopies)를 희구해 왔다면, 푸코는 우리의 희망적 신화를 부숴 버리는 혼재향(hétérotopies)의 가능성을 열어 보이려고 한다.

유토피아는 실재적인 장소를 점유하고 있지는 않지만, 사물들 모두가 균질하게 모여 살 수 있는 공통의 장소를 상정하고 있다. 비록 공상적이지만 아름답고 살기 좋은 나라를 상정하고 있는 것이다. 이에 반해 혼재향인 에테로토피아는 혼란스러울 뿐 아니라 우리 사유가 갖고 있는 통사법을 붕괴시키며 언어를 침식시키고 대화를 불가능하게 하며 문법 자체의 근원에 이의를 제기한다.

부조리한 사태에 직면하는 또 하나의 예로 푸코는 실어증 환자의 경우를 제시한다.[3] 실어증 환자에게 여러 가지 색의 실타래를 보여주면서 일관된 모양으로 배열하라고 하면 어떻게 될까? 실어증 환자는, 사물들이 정상적으로 배치되고 명명되는 이 단일한 공간 안에, 이름 없는 유사성에 의해 사물이 불연속적인 작은 집단으로 응집되는, 다수의 소규모적인 소영역들을 만들어낸다. 한쪽에는 가장 밝은 색의 실타래를 놓으며, 다른 쪽에는 빨간색의 실타래를, 또 다른 쪽에는 가장 부드러운 것을 각기 따로 놓는다. 그러나 이러한 분류는 곧 와해의 위기를 맞게 된다. 왜냐하면 영역의 폭이 너무 넓어 동일성의 영역으로는 이러한 분류를 보증해 줄 수 없어서 곧 불안정한 사태에 도

3) MC, p.10 참조.

달하게 되기 때문이다.

그러면 절대적 확신 속에서 이러한 분류의 정당성을 보증해 주는 근거는 무엇인가? 또한 이러한 분류에 정합성을 부여해 주는 것은 무엇인가? 푸코는 "이것은 결과들을 연결시키는 문제가 아니라 구체적인 내용을 비교하고 분리하여 조정하며 끼워 맞추는 것의 문제"[4]라고 설명한다. 즉, 사물들에 일정한 질서를 부여하는 문제임을 암시한다. 여기에서의 질서란 사물의 내부 법칙으로서 사물의 내부에서 주어지며 사물들이 상호간 마주 대할 수 있는 방식을 결정하는 은폐된 조직망이자 시선, 주의, 언어를 가로질러 존재하는 것이기도 하다.[5]

그리하여 푸코는 문화의 기본적인 규약들인 언어, 지각의 도식, 교환, 기술, 실천의 층위를 지배하는 것들과 과학적 이론이나 철학적 해석의 영역 사이에 존재하는 기본적인 중간 영역에 초점을 맞춘다. 이 영역은 질서의 존재 양태를 명확하게 해주며 언어, 지각, 실천의 규약들을 비판 또는 무효화시킨다.

---

4) MC, p.11.

5) ibid.

푸코의 작업은 바로 이러한 인식의 가능 조건을 탐색하는 데 주력한다. 또한 "우리의 문화가 질서의 존재를 명백하게 한 방식과 그 질서의 여러 양상에 교환이 자신의 법칙을, 생물이 자신의 규칙성을, 단어가 자신의 연쇄와 표상적 가치를 의존하고 있는 방식에, 그리고 문법과 문헌학, 자연사와 생물학, 부의 분석과 정치 경제학에서 전개되어 온 인식의 실증적인 토대를 형성하기 위해 질서의 어떤 양상이 인지되고 상정되었으며 시간과 공간에 연관되었는가 등에 몰두한다."[6] 즉 인식과 이론을 가능케 하는 토대에 관심이 모아져 있다. 어떤 역사적 아프리오리에 근거하여, 그리고 어떤 실증성의 영역 내에서 관념이 출현했고 학문이 구성되었으며 경험이 철학 내에서 반성되었고, 합리성이 형성되었으며 얼마 뒤에 해체되고 소멸되었는가를 탐구한다.

"내가 밝히고자 하는 것은 인식론적 영역, 다시 말해서 합리적 가치나 객관적 형태에 의존하는 모든 규준에서 벗어나 관찰되는 인식이 자신의 실증성의 근거를

6) MC, p.13.

두고 있고, 따라서 한 역사, 말하자면 점차적인 완성화의 역사가 아니라 오히려 그 가능성의 조건이 역사를 분명하게 드러낼 수 있는 영역인 에피스테메이다."[7]

이러한 기획에 도달하기 위해 푸코가 고안해 낸 방법이 바로 '고고학'(archéologie)이다. 마치 고고학자가 역사적 지층 속에서 그 시대의 유물을 발굴하여 일정한 시대상을 재현하듯, 푸코는 과거의 역사 속에서 각 시대를 가능케 한 인식의 가능 조건을 발굴하여 일정한 시대의 사유 근거를 밝혀낸다.

푸코는 초기에 특히 『말과 사물』에서, 지식의 공간에 배치된 경험의 근본적 존재 양식이자 역사적 과정에 내재해 있는 구조의 필연적 체계인 '에피스테메' 이론을 통하여 담론의 형성과 변환을 다룬다. 그러나 에피스테메에 의한 설명 방식은 그 특성상 담론 외적인 요소들이 담론적 요소들에 관여되는 방식이나 절차에 대한 설명을 하기가 어렵다. 그래서 그는 『지식의 고고학』을 계기로 담론적 형성의 규칙을 설명하는 과정의 네 번째 항목인 전략의

---

7) MC, p.13.

형성 과정에 물질적 요소들의 개입 지점을 명시함으로써 에피스테메에 결여되어 있는 요소를 보완 대체한다. 이때 비로소 사건들로서의 언표, 즉 담론적 사건의 개념이 등장할 수 있는 터를 마련하게 되고, 단일한 사건으로서의 언표들의 출현을 지배하는 체계로서 '문서고'(archives)의 개념이 떠오른다.

고고학에서 말하는 담론적 형성의 규칙들을 이해하기 위해서는 푸코의 언어 철학적 입장이 담겨 있는 언표 이론에 대한 이해가 선행되어야 한다. 언표(énoncé)란 담론의 기본 단위로서 고립적으로 존재할 수 없는, 그리하여 다른 요소들과의 관계 속에서만 이해될 수 있는, 언어가 갖는 하나의 존재 양식이라 할 수 있다.

언표의 특징을 간단히 살펴보자. 언표는 일정한 규칙이 지배하는 공간 속에 자리잡음으로써 그것의 의미가 드러나는 언어적 요소이다. 이러한 언표는 주체와 일정한 관계를 맺음으로써 성립하는데 여기에서의 주체란 일반적 언어 체계에서처럼 발화의 일인칭 주체로서 존립하는 것이 아니라 가변적인 일정한 형성 규칙에 의해 지배되는 파생적 존재로서의 위치를 부여받는다. 즉, 주체란 어떤 언표적 장 속에 자리잡느냐에 따라 변화 가능한 요소로 나타난다. 따라서 이제 언표인 한에서의 언어 표현을 기술한다는 것은 저자와 그가 말한 것 사이의 관계를 분석하는 것의 문제가 아니라 주체가 차지하고 있는 위치가 어디인가를 결정하는 것의 문제로 바뀌게 된다. 끝으로 언표는 보족적 공간으로서 물질적 영역인 비담론적 영역과 일정한 형태로 관계를 맺는다. 바로 이 부분에서 푸코는 훗날 권력 이론에 기반하여 자신의 새로운 방법론인 계보학을 이끌어낼 근거를 마련한다. 이것이 푸코의 정치 철학적 입장이 개입될 유일한 통로인 셈이다.

푸코는 종래의 기호 이론과는 다른 언표 이론을 내세움으로써 자신의 고고학을 전개시킬 수 있는 토대를 마련한다. 담론(discours)을 이러한 언표의 집합으로 볼 때, 우리는 담론 형성의 규칙 또한 언표 이론의 속성 속에서 나올 수 있음을 쉽게 인지할 수 있다. 푸코는『지식의 고고학』을 통하여 담론 형성의 규칙들을 네 가지 측면 — 대상의 형성, 언표 행위적 양태들의 형성, 개념의 형성, 전략의 형성 — 에서 상세히 밝힌다. 이러한 담론 형성의 규칙에 근거하여 인간 사유의 역사를 분석하는 고고학은 그 파생적 결과물로 근대이래 전개된 주체 중심의 철학에 대한 비판, 불연속, 시원과 모순에 대한 새로운 해석 등을 산출한다.

그러면 고고학이 밝히고자 하는 내용은 무엇인가? 고고학은 다양한 담론적 형성들의 특이성과 형성 규칙들의 수준 위에서 나타나는 유비와 차이의 놀이를 드러내는 데 주력한다. 이는 다섯 가지 과제를 함축한다.[8)]

첫째, 전혀 상이한 담론적 요소들이 어떻게 유비적 규칙들로부터 출발하여 형성될 수 있는가를 보이며 상이한 형성들 사이에 나타나는 고고학적 동형성들(isomorphismes archéologiques)을 보여준다.

둘째, 이 규칙들이 어느 정도까지 같은 방식으로 적용되는지 또는 적용되지 못하는지, 동일한 질서 속에서 상호 연결되는지 그렇지 않은지, 담론의 상이한 유형들 속에서 동일한 모델에 따라 배치되는지 그렇지 않은지를 보여준다. 즉, 각 형성들의 고고학적 모델들을 정의한다.

셋째, 서로 완전히 다른 개념들(가치의 개념과 종적 특징의 개념, 또는 가격의 개념과 유적 특성의 개념)이 어떻

8) M. Foucault, *L'archéologie du savoir*, Paris: Gallimard, 1969, pp.209∼211(이하 AS로 줄임).

게, 그것들의 적용 영역과 정식화의 정도 및 그것들의 역사적 발생이 그것들 서로를 전적으로 낯설게 만들었음에도 불구하고, 그것들의 실증성의 체계와 분지화 속에서 유비적인 자리를 차지할 수 있었는가를 드러내 보인다. 그것들에게 고고학적 동위성(isotopie archéologique)을 부여하는 것이다.

넷째, 반면에, 하나의 유일하고 동일한 개념(하나의 유일하고 동일한 단어에 의해 지시되는)이 어떻게 고고학적으로 구별되는 두 요소(기원과 진화의 개념은 일반 문법과 자연사의 실증성의 체계 속에서 동일한 역할도, 동일한 실증성도, 동일한 형성도 가지지 않는다)를 포함하는가를 보인다.

끝으로, 하나의 실증성으로부터 어떻게 종속과 보족적 관계들이 수립될 수 있는가를 제시한다(그래서 고전 시기 동안에, 언어에 대한 기술(description)은 부의 분석 및 종의 분석과 관련하여 그것이 표상 자체를 이중화하고 표시하며 표상하는 제도의 기호들에 대한 이론인 한에서 지배적인 역할을 했다).

이밖에도 고고학은 담론적 형성들과 비담론적 형성들

(제도들, 정치적 사건들, 경제학적 실천들과 과정들) 사이의 관계를 드러낸다. 양자가 갖는 관계에 대해 고고학에서는 상징적 분석이나 인과적 분석에서와 달리, 담론 형성의 규칙들이 비담론적 체계에 어떻게 연결되는가를 드러내 보인다. 예컨대 정치적 실천이 의학적 담론의 의미와 형태를 어떻게 결정했는가를 보이는 것이 아니라 의학적 담론의 출현과 기능 조건들에 어떤 식으로 관여했는가를 보인다.

이상과 같은 분석의 과정에서 고고학은 종래의 지성사가 가정해 온 연속성, 통일적 주체, 기원, 진보의 개념을 부정하게 되며, 대신 불연속, 파생적 주체, 반복, 대립의 개념을 전면에 내세우게 된다. 전통적 인식론이 주체와 객체의 이분법 속에서 대상 세계를 인식 주체에 의해 파악하려 했다면, 고고학은 이러한 인식론적 반성 형식들을 가능케 하는 무의식적 근거들을 파헤친다. 그 동안 동일자의 역사에서는 모습을 드러내기 어려웠던 타자, 환자, 질병, 비이성 및 광기와 같은 소외된 영역들이 사유의 전면에 등장할 수 있는 것도 바로 이러한 방법론이 갖는 특성 때문이라고 할 수 있겠다.

시니피앙에 대한 시니피에의 과잉을 인정함으로써 '말해지지 않은 것'을 끊임없이 불러내려는 '주석 달기'의 작업은 이제 고고학과 더불어 임종을 고하게 되었으며 주석 달기가 가정하고 있는 역사의 기원이나 본질도 고고학의 무대 뒤로 사라지게 되었다.

개념 형성의 과정에서 '선행자'의 존재를 이제 더 이상 묻지도 찾지도 않는 고고학은 지식 형성의 지층을 단절적 불연속의 과정으로 이해한다는 데 그 특색이 있다. 가히 혁명적이라 할 수 있는 이러한 방법론은 어디에서 유래한 것일까? 사실 이러한 관점은 푸코에게 어느 날 갑자기 떠오른 것은 아니다. 이것은 바슐라르(Gaston Bachelard)의 인식론적 단절의 개념을 이어받은 깡길렘(Georges Canguilhem)의 '개념사'의 방법으로부터 비롯됐다고 할 수 있다.

과학사가인 깡길렘은 용어나 이론의 역사보다는 개념의 형성과 변천 과정에 주목한다. 그의 분석의 특징은 핸슨이나 쿤과 같은 영미 철학자들과 달리, 데이터를 해석하는 개념과 개념을 설명하는 이론을 분리한다는 점에 있다. 그리하여 이론에 의해 설명되기 전에 개념에 의한 이해가 선행됨을 보인다.

하나의 예로, 낙하하는 물체의 운동 개념을 설명하기 위해 데카르트, 갈릴레오, 뉴턴 등이 서로 상이한 이론을 내놓았음을 지적한다. 깡길렘은 상이한 이론 속에서 일정한 역할을 수행하는 동일한 개념에 착안한다. 결국 그에게서 개념들은 '이론적 다가(多價)'(theoretically polyvalent)의 형태로 나타난다.[9] 바로 이 지점에서 깡길렘은 개념사의 가능성을 열어 보이고, "17, 18세기에서의 반사 개념의 형성"이라는 자신의 논문에서 논증한다.

일반적으로는 반사 운동의 개념이 데카르트에 의해 처음으로 소개되었다고 알려져 있다. 그러나 깡갈렘은 데카르트가 반사 현상을 기술한 첫 번째 인물이라고 할 수는 있으나 데카르트에 의해 반사 운동의 개념이 정식화되었다고 볼 수는 없다고 설명한다. 모든 신체 운동의 일차적 원인을 심장으로 보는 데카르트에게는 '탈 중심적인' 중심으로부터 발생하는 운동이 놓일 자리가 없기 때문이다. 깡길렘은 오히려 자극과 근육 수축에 대한 데카르트의 설명은 반사 개념의 형성에 장애로 작용했다고 본다. 깡길렘에

---

9) Garry Gutting, *Michel Foucault's archaeology of scientific reason*, Cambridge Univ. Press, 1989, p.34 참조.

따르면, 데카르트가 반사 개념을 도입한 것으로 잘못 믿게 되는 것은 개념을 이론과 혼동하는 데서 비롯된다. 따라서 개념사에서는 반사 개념이 비역학적 생리학의 이론을 다룬 토마스 윌리스의 생기론적 설명에서 시작된 것으로 설명한다. 생명을 포괄적 빛으로 이해하는 윌리스는 운동을 기술하기 위해 광학적 반사 법칙들에 의존함으로써 데카르트가 놓쳤던 두 영역 사이의 연관을 파악했기 때문이다.[10)]

이러한 개념사의 방법은 푸코에게 그대로 전해진다. 종의 진화에 관한 다윈(1731～1802)의 개념이 라마르크(1774～1829)가 아니라 퀴비에(1769～1832)에게서 비롯되었다고 푸코가 주장할 때, 그대로 적용되어 나타난다. 푸코는 라마르크의 발전 이론이 퀴비에의 고정설과 상이한 접근 방식에 따라 진행된다고 본다. 라마르크의 이론에 나타나 있는 '진화'의 개념은 '역사적 힘'과는 무관하게 미리 정해진 활동 범위를 생명체가 점유하는 문제와 관련되어 있었던 반면, 퀴비에는 비록 고정론의 입장에 서 있긴

10) 도미니크 르쿠르, 박기순 옮김, 『프랑스 인식론의 계보』, 새길, 1996, pp.226～232 참조.

했지만 종이 시간의 변화에 따라 변화하지 않는다는 사실을 역사적 힘의 차원에서 설명하기 때문이다. 라마르크적 변화의 개념이 항구적으로 고정된 분류표 위에서의 피상적 유희라면, 퀴비에의 고정설은 생물학적 과정에 의해 산출된 역사적 부동성에 대한 설명인 것이다. 이러한 개념사적 설명 방식을 통하여 푸코는 다윈의 진화론을 가능케 한 개념적 구조가 퀴비에에 의해 비롯되었다고 주장할 수 있었던 것이다. 푸코는 이러한 개념사의 방법을 그대로 답습하는 차원에 머무르지 않고 고고학에 의해 더욱 확대한 뒤 변형시킨다.

깡길렘에서는 개념사의 방법이 관련 학문 영역 — 생물학, 해부학, 생리학 — 내에서 주로 사용된 반면, 푸코에서는 한걸음 더 나아가 매우 상이한 학문 영역들을 연결하는 데 사용된다. 즉, 서로 다른 영역들인 일반 문법, 자연사, 부의 분석과 같은 고전 시대의 경험과학들을 유사하게 묶어내는 공통의 개념적 구조를 밝혀낼 때 사용된다. 또한 여기서 멈추지 않고 유사성과 표상 및 인간과 같은 개념들이 일정한 시기의 학문 영역들에 깊이 스며 있음을 고고학의 차원에서 밝혀낸다. 푸코는 경험적 질서를 가능케 하는 조건들을 탐구함으로써 표층적 수준에서 벗어나 심층적 수준에 놓여 있는 지적 무의식의 영역까지 분석한다.

이러한 지적 배경을 안고 있는 푸코의 고고학은 주체 중심적 철학의 아편에 빠져 있는 우리를 해독시키는 역할을 충분히 해냈다고 볼 수 있다. 즉, 기존의 인식론으로부터 한걸음 물러나 그것 자체를 반성할 수 있는 방법을 마련해 놓았다. 푸코는 여러 곳에서 되풀이하여, 자신은 종래의 인식론을 비판하려는 것이 아니라 단지 괄호로 묶고 메타적 차원에서 반성하고자 할 뿐이라고 주장한다. 그러나 고고학을 전개하는 과정에서 그는 의도했든 그렇지 않았든 몇 가지 중요한 철학적 결과물을 생산해 냈다. 첫째로, 확고한 기반으로서의 이성 개념을 그 뿌리에서부터 흔들어 놓음으로써 지고불변의 위치를 상실케 했으며, 역사적 아프리오리의 개념을 통하여 불연속적 단절의 역사를 드러내 보이고, 끊임없이 시원을 찾아 떠나는 주체의 항로에 종지부를 그었으며 모순에 대한 새로운 해석의 길을 열어 놓았다. 이로 인해 창조적 주체의 개념은 파생적 지위 속에 묻혀 버리고 말았다.

2. 고고학에서 계보학으로

푸코는 자신의 전기 방법론인 '고고학'(archéologie)을 통해서는 문화의 기본적인 규약들인 언어, 지각의 도식, 교환, 기술, 실천의 층위를 지배하는 것들과 과학적 이론이나 철학적 해석의 영역 사이에 존재하는 기본적인 영역을 탐구하는 데 주력한다. 고고학에 의해 전개된 초기 작업을 간단히 요약하면, 우리의 인식의 가능 조건들을 드러내어 담론이 배치되는 질서를 밝혀내는 것이었다. 그리하여 광기, 임상의학, 일반 문법, 언어학, 자연사와 생물학, 부의 분석과 정치 경제학 등에서 전개되는 인식의 실증적 토대를 형성하기 위해 질서의 어떤 양상이 인지되고 상정되었으며 시간과 공간에 연관되었는가에 집중한다. 즉, 인식과 이론을 가능케 한 토대에 관심이 모아져 있다. 어떤 역사적 아프리오리에 근거하여 관념이 출현했고 학문이 구성되었으며, 경험이 철학 내에서 반성되었고, 합리성이 형성되었으며, 얼마 뒤에 해체되고 소멸되었는가를 탐구한다.

이러한 분석의 과정에서 고고학은 종래의 지성사가 가

정해 온 연속성, 통일적 주체, 기원, 진보의 개념을 부정하게 되며, 대신에 불연속, 파생적 주체, 반복, 대립의 개념을 전면에 내세우게 된다. 전통적 인식론이 주체와 객체의 이분법 속에서 대상 세계를 인식 주체에 의해 파악하려 했다면, 고고학은 이러한 인식론적 반성 형식들을 가능케 하는 무의식적 근거들을 파헤친다. 그 동안 동일자의 역사에서는 모습을 드러내기 어려웠던 타자, 환자, 질병, 비이성 및 광기와 같은 소외된 영역들이 사유의 전면에 등장할 수 있는 것도 바로 이러한 방법론이 갖는 특성 때문이라고 할 수 있다.

푸코는 초기에 특히 『말과 사물』에서는 지식의 공간에 배치된 경험의 근본적 양식이자 역사적 과정에 내재해 있는 구조의 필연적 체계인 '에피스테메'(épistèmé) 이론을 통하여 담론의 형성과 변환을 다룬다. 그러나 에피스테메에 의한 설명 방식은 그 특성상 담론 외적인 요소들이 담론적 요소들에 관여되는 방식이나 절차에 대한 설명을 하기가 어렵다. 그래서 그는 『지식의 고고학』을 계기로 담론적 형성의 규칙을 설명하는 과정의 네 번째 항목인 '전략의 형성' 과정에 물질적 요소들의 개입 지점을 명시함으로써 에피스테메에 결여되어 있는 요소를 보완 대체한다.

담론적인 것과 비담론적인 것(제도들, 정치적 사건들, 경제적 실천과 과정들)이 일정한 형태로 관계 맺고 있음을 내세우는 푸코는 자신의 고고학적 분석이 마르크스적 경제 결정론이나 인과적 설명 방식뿐만 아니라 구조적 분석과도 같지 않음을 밝힌다. 즉, 자신의 고고학은 정치, 사회적 실천이 어떻게 지식 체계나 이론적 틀을 구성하고 수정했는가를 보여주려는 것이 아니라 지식 체계가 어떻게 그것의 외부에 있는 비담론적 영역들과 연결되는가를 보여주려는 것이라고 설명한다. 어느 하나를 다른 하나에 종속시키는 환원적 방식을 피함으로써 하나의 등질적 장 속에 배치된 이질적 양태로 설명하려고 한다.

에피스테메의 개념에 배제되어 있던 물질적 관계들에 관련된 내용들을 담론 형성의 개념을 통하여 보충함으로써 고고학은 구조적 분석의 허물을 벗어 버린다. 푸코는 구조주의가 내포하는 형식주의적 경향이 역사적 형성의 과정에 포함되어 있는 사회 경제적 실천의 문제를 배제하기 때문에, 실제적 발생과 변화의 과정을 설명할 수 없다는 점에서 자신의 고고학과 뚜렷이 구분한다.

"고고학은 외적 사건들과의 상호 관계 하에서 이루어지는 새로운 언표들의 가능성을 부정하지 않는다. 고고학의 과제는 어떤 가능성이 어떤 사건들과 어떤 조건하에서 그러한 상호 관계를 가질 수 있었는가를, 그리고 그 조건은 정확히 이루어졌는지를 (그것의 경계들, 형태, 코드, 가능성의 법칙은 어떤 것인가를) 보여주는 것이다. 고고학은 담론들을 사건들의 리듬에 따라 운동하게 만드는 이 변화(유동성, mobilité)를 피해 가지 않는다. 고고학은 그 유동성이 시동되는 수준을 해방시키고자 한다."[11]

그러나 이러한 주장에도 불구하고, 『지식의 고고학』에는 담론적인 것과 비담론적인 요소들이 상호 어떤 연결고리를 통하여 상이한 담론 형성에로 진행하는지 여부에 대해 설명되어 있지 않다. 더욱이 상이한 담론 형성체 사이의 이행 과정은 점진적 과정이 아닌 불연속적 파열의 과정이므로 이러한 인식적 혁명을 설명해 줄 도식에 대한 문제가 제기되지 않을 수 없다. 그리하여 맥네이(McNay)는 푸코가 에피스테메의 변화를 설명하는 데 있어서 에피스테메의 이동 가능성만을 주장했을 뿐, 논증하지는 못했

11) AS, p.218.

다고 비판한다.[12] 즉, 고고학은 에피스테메의 질서와 에피스테메의 사회 역사적 문맥 사이에 존재하는 관계를 체계적으로 설명하는 데 실패했다는 것이다. 또한 푸코는 '일차적', '이차적' 관계라는 용어를 사용함으로써 이차적 영역인 담론적 영역에 독립하여 존재하는 일차적 관계로서의 사회 경제적 영역이 있음을 인정하는데, 이 두 관계들의 특이성을 드러내는 제 3의 관계란 어떤 연결망을 통하여 작용하는지 쉽게 이해되지 않는다는 것이 맥네이의 비판이다.

> "이러한 관계들(형성 규칙들)은 우선 우리가 일차적 관계라고 부를 수 있는, 모든 담론과 담론의 대상들에 독립하여 존재하는, 제도들, 기술들, 사회적 형태들 사이에서 기술될 수 있는 관계들과 구분된다. … 그리하여 실제적 또는 일차적 관계들의 체계, 이차적 또는 반성적 관계들의 체계, 담론적이라고 부를 수 있는 관계들의 체계라는 기술 가능한 공간이 열린다."[13]

---

12) Lois McNay, *Foucault*, Cambridge: Polity Press, 1994, p.65 참조.

13) AS, p.62.

맥네이는 이러한 기술 또한 두 영역을 단순히 병치시켜 놓은 것에 불과할 뿐, 양자가 갖는 실제적 관계를 설명해 주지 못한다고 비난한다. 이러한 비판을 토대로 반드시 검토해야 할 작업은 '사회 경제적 영역이 담론의 대상에 독립적으로 존재한다'는 것이 고고학에서 어떤 의미를 담고 있는가이다.

고고학적 분석은 마르크스적인 경제 결정론이나 인과적 설명 방식과 다를 뿐 아니라 구조적 분석과도 다르다. 상징적 분석에서는 담론적인 것과 비담론적인 것 간의 관계를 상호 반영 또는 상징적 관계로 설명함으로써 공통적 구조 속에 놓아두며, 인과적 분석에서는 정치적 변화나 경제적 과정들이 과학자들의 의식을 어느 정도 결정하는가에 초점을 맞춘다. 이에 반해 "고고학에서는 정치적 실천이 어떻게 의학적 담론의 의미와 형태를 결정했는가를 보이는 데 역점을 두는 것이 아니라, 정치적 실천이 담론 출현과 삽입 조건들 및 기능 조건들에 어떻게, 어떤 명목으로 참여했는가를 보여주려고 한다."[14] 따라서 여기에서

---

14) 이 관계는 여러 가지 수준에서 부과될 수 있다. 첫째, 19세기 초 이래 의학에 조직적 병변이나 해부 생리학적 상호 관계와

문제가 되는 것은 주어진 한 사회의 정치적 실천이 어떻게 의학적 개념들과 병리학의 이론적 구조를 구성하고 수정했는가를 보여주는 것이 아니라, 일정한 대상 영역에 관련되어 있으며 의사들 사이에 존재하는 의학적 담론이 어떻게 그것의 외부에 있을 뿐만 아니라 비담론적 성격을 지니는 실천들과 연결되는가를 보여주는 것이다.[15]

고고학적 분석에서는 어느 하나를 다른 하나에 종속시키는 환원적 방식을 취하지 않는다. 오히려 하나의 등질적 장 속에 배치된 이질적 양태로 설명한다. 환원적 방식이나 구조적 방식은 동일한 구조나 사태 속에서 어떻게 대립적 이론 또는 상황이 발생하는지를 설명할 수 없으나 고고학

같은 새로운 대상들을 부과한 것은 정치적 실천이 아니었다. 그러나 그것은 의학적 대상들의 새로운 지표화의 장을 열었다. 둘째, 정치적 실천과 의학적 담론은 일정한 관계를 갖는데, 이는 전문가로서의 의사의 지위 내부에서, 의사가 병원에 있는 환자에 대해 가지는 제도적 형식 속에서, 그리고 의학 교육의 양태 속에서 다양하게 나타난다. 끝으로 이 양자간의 관계는 의학적 담론에 부여된 기능이나 행정적 결정 또는 사회적 규범 제시와 관련된 문제가 발생할 때, 의학적 담론에 요구되는 역할 속에 나타난다(AS, pp.213～214 참조).

15) AS, pp.214～215 참조.

에서는 설명 가능하다. 왜냐하면 양자는 등질적 공간 속에서 절묘하게 만나긴 하지만 평행 관계나 종속 관계를 갖지 않기 때문이다. 양자가 거처하는 이 공간에는 동형성도, 직접적 인과성도, 상징성도 없다.

『말과 사물』이라는 제목이 암시하듯이, 형법이 '언표 가능한 것'(l'énonçable)에 해당한다면, 하나의 사물로서의 감옥은 '가시적인 것'(l'visible)에 해당한다. 이 두 형태는 『임상 의학의 탄생』과 『광기의 역사』에서도 그대로 나타난다. 즉 전자에서는 가시적인 것과 언표 가능한 것으로 표현되어 있고, 후자에서는 일반 병원(l'hôpital général)에서 보여지는 것으로서의 광기(folie)와 의학에서 묘사되는 것으로서의 비이성(déraison)으로 대별되어 나타난다.

고고학이 탐구 대상으로 삼는 역사적 실증성의 지층들(strates)은 말과 사물, 보는 것과 말하는 것, 볼 수 있는 것과 말할 수 있는 것, 언표 가능한 것과 가시적인 것, 내용과 표현[16]으로 형성된다. 그리하여 고전주의 시대의 감

---

16) 들뢰즈는 옐름슬레우(Hjelmslev)의 방식을 차용하여 푸코에게 다른 의미로 적용한다. 푸코에게서는 내용이란 기의와 일치하지 않으며 표현 또한 기표와 다른 것으로 나타나기 때문

금 장소는 광기의 가시적 장소로 나타나며 동시에 의학은 비이성에 대한 기본적인 언표를 정식화한다.

푸코에 있어서 한 시대는 그 시대에 가능한 언표나 가시성의 영역보다 앞질러 가지 않으며 더욱이 유일한 목적을 향해 질주하지도 않는다. 각 시대를 특징짓는 역사적 형성의 지층들은 가시적인 것과 언표 가능한 것을 일정한 형태로 분배하며 다른 한편으로는 분배의 변환을 일구어 낸다. 가시성은 상이한 시대 속에서 그 자체의 양식을 수정하며 언표 또한 그 자체의 체계를 변경한다. 따라서 고전 시대의 보호원은 르네상스 시대와는 완전히 다른 양상을 띠고 나타났으며 의학 역시 비이성이라는 새로운 개념을 만들어냈다. 17세기의 언표 체계는 광기를 극도의 비이성으로 규정했지만 보호원에 감금된 사람들은 부랑자,

---

이다. 그리하여 그는 내용과 표현이 각각 하나의 형태와 하나의 실체를 갖는 것으로 설명한다. 예컨대, 내용에 있어서 감옥은 형태이며 죄수들은 실체에 해당한다. 또한 표현에 있어서 형법은 형태이며 언표의 대상으로서 '범죄 행위'는 실체에 해당한다. 표현 형태로서의 형법이 언표 가능성의 영역(범죄 행위에 대한 언표)을 정의하는 것처럼 내용 형태로서의 감옥은 가시성의 장소를 정의한다(Gilles Deleuze, *Foucault*, Paris: Les Editions de Minuit, 1986, p.55 참조).

빈민, 무위도식자, 도덕적 패륜아들이었던 것이다. 언표의 영역과 가시성의 영역은 부단히 상호 접촉하고 상호 침투하지만 동일한 역사나 동일한 형식을 띠지는 않는다.

그러면, 언표 가능한 것의 영역과 관련하여 주체는 어떤 입장을 취하는가? 고고학에 있어서 주체는 하나의 변수로서 언표적 장과 함수 관계를 맺고 있다. 즉 언표 자체의 기능으로부터 파생된 기능을 할 뿐이다. 따라서 '내가 말한다'의 차원이 아닌 '누군가가 말한다'(on parle)의 차원에 속하게 된다. 주체의 배치에 따라 변화를 겪게 되는 익명의 중얼거림이 존재할 뿐이다.

이러한 관점에 서서 푸코는 언어를 기초 놓는 세 가지 방법을 비판한다. 첫째로, 언어학적 인칭 체계에서 시작하는 '나는 말한다'의 차원은 3인칭에 의해 대체된다고 반박하며, 언어학적 구조주의에서 주장하는 '그것이 말한다'에 대해서는 언표들에 부여되는 역사적 자료가 선행한다고 주장함으로써 반박한다. 끝으로, 원초적 경험으로부터 시작하는 현상학에서는 세계와 주체가 갖는 불가분의 공모성을 통해 진리에의 도달 가능성을 주장하나 이것 또한 보는 것과 말하는 것 사이의 차이를 간과함으로써 비롯된

오류라고 반박한다.17)

가시적인 것의 영역과 관련하여서도 주체가 차지하는 위치는 마찬가지 경로를 겪는다. 예를 들면, 고전주의 시대에 광인, 부랑자, 실업자, 게으른 자 등을 하나의 장소에 모아 놓았을 때, 당시의 사람들은 이 상황을 매우 당연한 사실로 받아들였다. 그러나 이렇게 자명하게 보이던 감금의 장소가 오늘날의 우리에게는 지각 불가능한 낯선 장소로 보인다. 이러한 이질적 사태가 발생하는 것은 가시성의 영역이 관계하는 조건을 주체의 시각이 구성하지 않기 때문이다. 보는 주체 또한 가시성 내의 한 장소에 불과하며 가시성으로부터 파생된 기능에 불과한 것이다.18)

따라서 우리가 말하고 볼 수 있기 위해서는 정초하는 주체보다는 그 가능 여건으로서 언어와 빛이 필수 불가결한 요소로 작용하고 있음을 알 수 있다. 앞서 지적한 바와 같이, 푸코는 가시적인 것과 언표 가능한 것 사이에 상호 중첩 작용과 상호 침투 작용을 상정하면서도 다른 한편으

---

17) Gilles Deleuze, 앞의 책 참조.

18) 고전주의적 표상에서 왕의 위치나 감옥 체제에서 어떤 관찰자의 위치가 바로 주체의 파생적 기능을 대표하는 예이다.

로는 본질적 차이가 있음을 암시한다. 예를 들면, 광기에 대한 가시성으로서의 일반 병원은 그 존재의 기원을 의학에 두고 있는 것이 아니라 공공질서의 안녕에 두고 있다. 또한 '비이성'이라는 언표를 생산한 의학은 그 담론의 체계를 병원에 한정하는 것이 아니라 병원 외부에까지 확장시켜 적용한다. 이와 마찬가지로, 죄의 가시성으로 나타나는 감옥 역시 이것의 표현 형태인 형법에서 유도된 것이 아니라 그것과 전혀 다른 지평인 '규율적'(disciplinaire) 지평에서 파생된 것이다. 즉, '사법적'(juridique) 지평으로부터 나온 것이 아니다.[19]

푸코는 언표 가능한 것과 가시적인 것 사이의 관계를 『이것은 파이프가 아니다』라는 제목의 미술 비평을 통하여 텍스트와 형상 간의 '비관계'(non rapport)[20]로 그려내기도 한다. 이는 들뢰즈 식의 설명 도식을 따르면 이접 관계(disjonction)로 나타난다. 들뢰즈에 따르면, 언표는 논리학에서처럼 자신의 고유한 대상을 지시하는 명제가 아니

---

19) Gilles Deleuze, 앞의 책, p.69 참조.

20) M. Foucault, *Ceci n'est pas une Pipe*, Montpellier: Fata Morgana, 1986, p.47.

며 가시적인 것 역시 불변의 기의(signifié)를 갖는 것이 아니기 때문이다. 들뢰즈는 푸코의 다음 두 구절을 각기 다른 저서에서 뽑아내 왜 이 두 구절이 모순되지 않는가를 드러냄으로써 양자가 갖는 관계를 선명하게 보여준다.

> "우리가 보는 바를 우리가 말한다는 것은 무의미한 일이다. 왜냐하면 우리가 보는 것은 결코 우리가 말하는 것 속에 존재하지 않기 때문이다. 또한 이마주나 은유나 비교를 통해 우리가 말하는 것을 보여주려고 시도하는 것은 부질없는 짓이다. 왜냐하면 그 찬란함 속에서 그것들이 차지하는 공간은 우리의 눈앞에 펼쳐지는 것이 아니라 통사법의 계기적 묘사들에 의해 규정되는 공간이기 때문이다."[21]

> "형상과 텍스트 사이에 일련의 온갖 교착을 인정해야만 한다. 아니 오히려 상호간에 존재하는 적대적인 대상을 향한 노력, 쏘아대는 화살, 음모와 파괴의 기도, 비 오듯 쏟아 붓는 창들, 상처들과 전투들을 인정하지 않으면 안 된다. … 이미지는 말의 한복판에 떨어지며, 음성적인 섬광은 그림을 찢고 지나간다. … 담

21) MC, p.25. 벨라스케스의 『시녀들』에 대한 미술 비평 가운데 나오는 한 구절이다.

론은 사물의 형태를 도려낸다.”22)

첫 번째 구절은 가시적인 것과 언표 가능한 것 간에 어떤 동형성이나 공통의 형태가 존재하지 않음을 설명하고 있는 반면, 두 번째 구절에서는 두 형태가 전투하듯 서로 침투한다고 설명한다. 그러나 들뢰즈는 여기에서의 ‘전투’란 동형성을 부정하기 위해 상호 관여의 특성을 나타내기 위해 사용된 것이라고 봄으로써 양 구절간의 무모순성을 증명한다.23)

그러나 양자의 관계가 갖는 특이성에 대한 푸코의 설명과 들뢰즈의 충실한 해설에도 불구하고 고고학에는 여전히 역사적 지층을 형성하는 이 두 형식의 조합 관계나 불연속적 지점을 가능케 하는 요인들에 대한 설명은 결여되어 있다. 즉, 어떤 영향 작용 아래서 이러한 운동과 변환이 시작되고 이루어지는지에 대한 설명은 빠져 있다. 고고

---

22) M. Foucault, *Ceci n'est pas une Pipe*, pp.30, 48, 50. 『이것은 파이프가 아니다』는 벨기에의 화가 르네 마그리트(René Magritte)의 파이프에 관련된 일련의 연작 그림에 대한 푸코의 평론이다.

23) G. Deleuze, 앞의 책, p.73 참조.

학이 갖는 이러한 한계 때문에 푸코는 계보학을 전개시키기 전까지 상당한 비판의 화살을 받아왔다. 이러한 전개 과정을 볼 때 그가 『감시와 처벌』을 기점으로 계보학으로 전회한 것은 우연한 과정이 아님을 알 수 있다. 즉 변화의 과정을 설명해 주며 그 역학 관계를 드러내 보여줄 새로운 방법론이 필요했던 것이다. 그리하여 푸코는 역사적 형성물들을 단순히 기술하는 데 그치지 않고 그러한 지층의 틈 속에서 벌어지는 권력의 동력학을 설명하기 위해 새로운 또 하나의 방법론으로서 계보학을 구축한다. 따라서 계보학은 이전의 방법론을 버리고 새로이 독립적으로 설정된 단절적인 방법론이 아니다. 고고학에 의해 분석된 지식의 층을 권력에 대한 새로운 개념 정립을 통하여 다른 각도에서 조명하려는 것이다. 따라서 계보학과 고고학 사이에 존재하는 차이는 대상이나 영역에서의 차이가 아니라 접근 방식과 초점 및 관점의 차이라고 할 수 있다.[24] 두 방법론은 교환 가능하며 상보적으로 기능한다. 푸코가 『감시와 처벌』 이후 권력[25]과 지식 간의 관계 규명에 몰두하

---

24) M. Foucault, *L'ordre du discours*, Paris: Gallimard, 1971, p.68 참조(이하 OD로 줄임).

게 되는 것은 이러한 맥락에서 볼 때 필연적 귀결이다.

---

25) 푸코에게서 권력이란 소유물이 아니라 전략이다. 소유의 결과로 파생되는 것이 아니라 배치, 조작, 전술의 소산이다. "권력이란 소유하는 것이 아니라 오히려 행사되는 것이고 지배계급이 획득하거나 보존하는 특권이 아니라 다양한 전략적 위치의 총체적 효과이다." 또 하나의 특성은 국지적인 동시에 국지적이 아니라는 점이다. 불안정하게 분산되는 권력 관계들은 중심점이나 주체라는 유일한 위치로부터 나오는 것이 아니라 각각의 계기마다 방향을 바꾸거나 자취를 거슬러 추적할 때, 굴절, 뒤틀림, 회귀, 방향 전환, 저항을 표시하면서 힘들의 장 안에서 '한 지점에서 다른 지점으로' 이동하기 때문이다. 이러한 권력들이란 익명의 전략들인 것이다. 셋째, 권력은 미시적이다. '미시적'이라는 말은 가시적이고 언표 가능한 형태들을 단순히 축소물로 만드는 것으로 이해되어서는 안 된다. 오히려 그것은 또 다른 영역, 새로운 유형의 관계, 지식으로 환원될 수 없는 사유의 한 차원을 의미한다. 따라서 '미시적'이라는 말은 유동적이면서 국지화할 수 없는 연관을 의미한다. 넷째, 권력은 어떤 본질을 갖는 것이 아니라 관계로 나타난다. 권력 관계란 힘들 사이의 관계들의 집합으로서 지배하는 힘뿐만 아니라 지배되는 힘에도 동일하게 관통하며 그리하여 두 힘 모두는 각각 특이성들을 구성한다. 다섯째, 권력은 억압하기에 앞서 실재성을 생산하며 또한 이데올로기화하기 전에 진리를 생산한다(M. Foucault, *Histoire de la sexualité* 1, Paris: Gallimard, 1976, pp.121～135 참조. 그리고 G. Deleuze, 앞의 책, pp.32～37 참조).

3. 푸코의 계보학에 대한 니체의 영향

푸코는 1964년의 논문 “니체, 프로이트, 마르크스”(Nietzsche, Freud, Marx)[26]와 1972년의 논문 “니체, 계보학, 역사”(Nietzsche, la genealogie, l'histoire)[27]를 통하여 자신의 계보학적 방법이 니체에게 크게 빚지고 있음을 공식적으로 발표한 바 있다.

“니체, 프로이트, 마르크스”는 계보학을 성립시키기 이전의 푸코가 계보학의 가능성을 예견하면서 계보학의 성립 근거로서 언어학에 있어서의 기호와 의미와의 관계를 현란한 비유를 통해 소개해 놓은 글이다. 여기에서 푸코는 유사성의 시대로 분류되는 16세기에 나타났던 기호와 해석의 문제를 19세기의 그것과 비교 분석하여 다음과 같은 주장을 제시한다. 즉 언어의 특성상 최초의 의미에 도달할 수 없으며, 언어를 매개로 한 사물에 대한 이해는 해석에

---

26) M. Foucault, “Nietzsche, Freud, Marx”, dans *Dits et écrits* 1, ed. Daniel Defert et Francois Ewald, Paris: Gallimard, 1994(이하 NFM으로 줄임).

27) M. Foucault, “Nietzsche, généalogie, histoire”, dans *Dits et écrits* 2(이하 NGH로 줄임).

불과하고, 해석에 주어진 기호는 이미 해석된 또 하나의 기호일 뿐이므로 본래의 의미에로 되돌아갈 수 없다는 것을 알린다. 또한 해석은 '미완결'의 상태로 끊임없이 또 다른 해석에 열려 있음을 공표한다.

두 번째 논문인 "니체, 계보학, 역사"는 니체의 『도덕의 계보학』을 중심으로 니체에 있어서 기원(Ursprung), 유래(Herkunft), 발생(Entstehung)의 개념들이 어떤 차이를 갖는지를 분석함으로써 기원에의 추구를 시도하는 전통적 역사 기술 방법에 맞서, 그러한 역사가 왜 기술 불가능한가를 설명하고 과거의 기록 속에 질식되어 있는 정복된 지식으로서의 침묵들을 일깨우는 실제적 역사(wirkliche historie)로서의 계보학을 선보인다.

이 두 논문은 각기 니체를 옆에 두고 하나는 언어학에 기초를 둔 해석의 문제에, 다른 하나는 역사 기술에 있어서의 방법의 문제에 각기 초점을 맞추고 있다. 그러나 두 논문 모두 계보학을 전개시키기 위한 푸코의 발판이라고 할 수 있다.

이 두 논문에 드러나 있는 푸코와 니체의 사상적 유대는 다음의 몇 가지로 요약될 수 있다. 먼저 두 사람 모두 전통적인 역사 기술론의 입장에 반기를 든다는 점이다. 푸코는 니체가 『도덕의 계보학』에서 면밀히 분석했던 기원, 발생, 가계의 개념이 갖는 의미의 차이를 밝혀냄으로써 전통적 형이상학이 주장해 온 불변의 진리, 본래적의 의미들의 복원이 어떻게 불가능한가를 제시한다.

또한 푸코는 "니체, 계보학, 역사"에서 일곱 가지 테제를 동원하여 과거를 현재 속에 재현시킨다는 전통적 역사가들의 주장을 여지없이 허물어뜨린다. 니체와 푸코가 기원을 추구하려는 이 같은 입장(La recherche de l'origine)에 도전하는 이유는 첫째, 기원에의 추구를 시도한 전통적 역사학자들은 '사물의 정확한 본질, 사물들의 가장 순수한 가능태들, 사물들의 자기동일성'을 포착하는 것이 가능하다고 믿고 있기 때문이다. 즉 역사를 무시간적(timeless) 본질주의에로 끌어들이는 것을 거부하는 계보학자들은 역사적 과정에서 불가침의 자기동일성이란 보존될 수 없다고 보기 때문이다. 둘째, 전통적 역사 기술론은 검토되지 않은 신화를 끌어들임으로써 인간의 육체에 앞서, 세계와 시간에 앞서, 신을 전제함으로써 시간적으로 선험적인 고정된 지점을 구성하고 신통계보학적(théogonie) 서술을 시

도하기 때문이다.[28)]

따라서 니체는 '실체, 주체, 영혼, 물자체와 같은 개념을 애당초부터 부정하고 훼손하는 것'이 아니라 이 같은 이유에서라고 할 수 있겠다. 즉 역사적, 문화적, 실천적 해석의 근저에는 아무것도 있을 수 없는 것이 아니라 이전의 해석에 의해 주어진 기호가 우연적인 복합적 힘의 관계 속에서 또 다른 해석을 기다리고 있기 때문이다. 이러한 해석의 되풀이 과정을 푸코는 '해석의 미완결'(L'inachvée de l'interprétation)[29)]이라고 칭하고 다음과 같이 설명한다. "해석이 종결될 수 없다면 그것은 아주 단순하게 말해 해석해야 할 것이 없기 때문이다. 해석해야 할 절대적으로 일차적인 것이란 없는데, 왜냐하면 결국 모든 것은 이미 그 자체가 해석이기 때문이며, 모든 기호는 그 자체가 해석에 제공되는 사물이 아니라 다른 기호들에 대한 해석이기 때문이다."[30)]

여기에서 푸코가 의도하는 것은 현재에 의한 역사이다.

---

28) NGH, p.139 참조.

29) NFM, p.571 참조.

30) NFM, p.571 참조.

해석이란 해석에 수동적으로 주어져 있는 해석해야 할 질료를 해명하는 것이 아니라 이미 '거기에' 놓여 있는 하나의 해석을 맹렬하게 폭력적으로 탈취하는 것에 불과하다는 것이다. (푸코는 이 같은 해석적 전유의 과정을 프로이트의 정신분석에서도 똑같이 발견한다.)

이 같은 입장에서 푸코는 '해석의 죽음'(La mort de l'interprétation)과 '해석의 살아남'(La vie de l'interprétation)을 각각 전통적 역사학과 계보학에 대응시킨다. 즉 전자는 일차적, 본원적으로 존재하는 기호들이, 적절한 체계적 표시로서의 기호들이 존재한다고 믿는 것이며, 후자는 해석들만이 있을 뿐이라고 믿는 것으로서 해석학(L'herméneutique)과 기호학(sémiologie)의 적대적 관계를 알리는 표지이기도 하다.[31]

따라서 계보학은 기원에 대한 연구, 즉 과거에 대한 연구가 아니라 반기억(contre-mémoire)을 통하여 현재에 해석된 우연적 에피소드들을, 그리고 가계(Herkunft)와 발생(Entstehung)의 순간 속에서 가려지고 배제된 미세한 일탈

31) NFM, pp.573~574 참조.

들을, 내재성(intériorité)의 원리 속에서가 아니라 외재성(extérioité) 속에서 폭로하는 것이다.

이러한 계보학의 이념은 니체가 내세우는 '실제적 역사'(wirkliche historie)의 개념 속에 잘 드러나 있다. 니체는 일시적 다양성을 폐쇄된 정적 실재에로 환원시키고, 순간의 에피소드 속에서 궁극적 결과를 찾음으로써 역사 위에 어떤 고정된 실재를 정착시키려는, 종래의 지성사가 시도하는 방법들을 거부한다.

즉, 이러한 관점은 검토되지 않은 가정들, 예컨대 보편적 진리 또는 선험적 동일성과 같은 것들에 불가피하게 의존하고 있기 때문이다. 따라서 그는 가혹한 자기 반성적 비판을 토대로 인간 존재의 통일성을 분산시켜 버리고, 과거가 현재 속에 재현될 수 있다는, 즉 과거가 누적되어 쌓인 것이 바로 현재라는 퍼스팩티브를 과감히 떨쳐 버린다. 그리하여 바로 이러한 역사 감각에 의지하여 기술될 수 있는 현재의 역사로서의 '실제적 역사'를 내세운다. 이러한 니체의 입장은 "니체, 계보학, 역사"의 일곱 번째 항목에서 플라톤의 세 가지 양태와 대비시켜 역사의 세 가지 용도를 설명함으로써 잘 드러난다.

실재 (realite)	자기동일성 (identite)	진리 (verite)
풍자적 사용 (parodique)	자기동일성의 체계적 분해 (la dissociation systematique)	인식주체의 희생 (le sacrifice du sujet de connaissance)
기념비적 역사 (monumentalische)	골동품적 역사 (antiquarishe)	비판적 역사 (kritisce)
회고적 재인식의 역사	연속성과 전통을 신뢰하는 역사	지식으로서의 역사

이러한 틀 속에서 푸코가 니체를 통해 이야기하고자 하는 것은 실재에로 되돌아갈 수 있다는 기원에 대한 믿음이나 전통적인 것에 의미를 부여하려는 시도, 그리고 절대적 진리를 믿으려는 추상적 환상에서 벗어나 그것들의 가면을 벗기고 일그러진 얼굴의 상흔들을 드러내는 계보학을 강조함이라 하겠다.

니체는 "가계(Herkunft)는 육체에 부착된다"[32)]고 주장함으로써 '육체'를 사건들이 각인된 표면으로 이해한다.

---

32) F. W. Nietzsche, *Morgenröte* 42, Band 3, Samtlichewerke, Kritische Studiens ausgabe in 15 Banden, Hrsg. V. Giorgio Colli und Mazzino Montinari, Berlin, Walter de Gruyter & Co., 1980.

즉, 육체는 과거 체험의 낙인을 유지하며, 갈망과 실패와 오류를 낳기도 한다. 이들 요소들은 육체에서 결합될 수 있으며 서로 말소하기도 한다. 이때 육체는 불가피한 투쟁의 장소로 기능한다. 육체는 "분열된 자아의 저장고이며 끊임없이 풍화되는 한 권의 책이다. 가계의 분석인 계보학은 육체와 역사의 분절점 내에 위치한다. 그리하여 계보학의 임무는 전적으로 역사에 의해 자취가 보존된 하나의 육체를 드러내는 일이며 육체에 대한 역사의 파괴 과정을 폭로하는 일이다."[33] 지배를 위한 투쟁의 중심으로서의 신체는 그것에 영향을 미치는 상이한 교전적 힘에 의해 모양 지어지는 동시에 새로운 모양으로 변형된다. 이러한 관점에서 신체는 반본질주의적 용어 속에서 이해된다.

이 같은 니체의 입장을 적극 수용함으로써 역사의 내재적 목적론을 거부하고 역사를 상이한 권력 간의 투쟁으로 묘사하는 푸코는, 전통적인 권력 개념 — 통제와 지배의 형식을 갖는 억압 기제로 보고 법의 속성과 연결시켜 사법적 특성을 갖는 것으로 이해하는 — 으로부터 벗어나,

---

33) NGH, p.143 참조.

순환하는 동시에 도처에 편재해 있는, 불안정하게 움직이면서 특정한 장소를 점유하지 않는 것으로서 권력 개념을 새롭게 정립한다. 이것은 역사를 인간의 삶 속에서 벌어지는 구체적 힘의 관계로 이해한다는 점에서 니체의 '권력'(Macht) 개념과 유사하다. 푸코는 물론 여기서 진일보하여, 인간 신체는 권력의 미세 전략들이 관찰될 수 있는 가장 특이한 지점이므로, 권력 효과의 다양성을 산출하는 분석 작업인 '권력의 미시물리학'을 끌어낸다. 결국 푸코가 훈육적 기술, 생체 권력(bio-pouvoir) 등의 개념을 산출하는 것은 바로 신체에 대한 권력 작용의 미시물리학적 분석에서부터라고 말할 수 있다.

푸코는, 모든 사회는 정상화와 규제적 기능을 갖는 자체의 진리를 생산한다고 본다. 예컨대 정치 경제학은 자본주의 사회에서 일정한 역할을 수행함으로써 부르주아 계급의 이익에 기여해 왔으며, 처벌 체계의 정당화는 당시의 형법 체계 속에서 이루어졌다는 것이다. 따라서 이러한 담론들 또는 진리의 제도들이 주어진 사회의 지배적 권력 구조와의 관계 속에서 어떻게 작동하는가를 밝혀내는 것은 계보학자의 과제이다. 결국 푸코가 권력과 지식의 상관 관계 속에서 문제삼고 싶은 것은 어떤 담론이 과학적인가, 진리인가 거짓인가의 문제가 아니라, 어떻게 진리의 효과들이 그것 자체로는 진리도 거짓도 아닌 담론 내에서 생산되는가의 문제이다. 여기에서 특징적인 것은 권력과 지식 양자 사이에는 어떤 우선적 결정 계기가 없다는 점이다. 왜냐하면 지식과 권력의 효과들은 상호 결정 관계 속에서 생산적 역할을 하기 때문이다.

이러한 푸코의 접근 방식은 니체에게서도 유사하게 나타난다. "인간의 진리란 반박할 수 없는 오류"[34]라고 지적하는 니체는 진리란 진리로 간주된 것일 뿐이고 어떤 종류의 생물이 그것 없이는 살 수 없는 일종의 오류라고 설명한다.[35] 진리란 삶을 위한 것이며 생존의 한 조건으로 되어 있는 믿음일 뿐이라는 것이다. 따라서 진리와 비진리는 서로 대립적 관계에 있는 것이 아니라 어떤 조건에서 바라보느냐에 따라 달라진다. 결국 여기에서 문제가 되는 것은 우리의 지식이 실재에 얼마나 더 잘 근접해 있

---

34) F. W. Nietzsche, *Fröhliche Wissenschaft*(Bd. 3), 265.

35) F. W. Nietzsche, *Wille zur Macht*(Bd. 78), 493, Kröners taschen ausgabe, Alfred Kröner Verlag, 1952.

는가가 아니라 참이라고 믿고 의존하는 데 있다.

니체에 따르면, 인간은 진리에의 의지를 갖고 있기 때문에 참된 판단에 의해 행복을 느끼는 만큼 거짓된 판단에 의해서도 행복을 느낀다. 이는 바로 인간이 현실적 삶을 긍정하려는 의지인 '힘에의 의지'를 갖고 있기 때문이다. 따라서 과학적, 도덕적 판단이 오류일지라도 삶을 긍정할 수 있도록 작용한다면 참된 것으로 믿을 수 있다. 이러한 니체의 입장은 그를 '선악을 넘은' 철학에로 인도한다. 이제 그에게서 진리란 발견될 수 있는 대상이 아니라 '발명품'일 뿐이다. 예컨대 '자유'의 개념 역시 '지배계급들의 발명품'이지 존재의 진리에 연결되어 있는, 인간의 뿌리에 속하는 것이 아니다. 사물들의 역사적 단초에서 발견되는 것은 사물들의 신성불가침적 자기동일성이 아니라 다른 사물들의 질서이다. 즉 부조화(le disparate)이다.[36]

앞서 말한 푸코의 입장은 사실상 이러한 니체의 접근 방식에 기초를 두고 있다. 그리하여 과학과 도덕에 대한 니체의 접근은 실로 불연속과 우연의 개념을 푸코에게 심

---

36) NGH, p.138 참조.

어주었으며 권력으로부터 진리의 해방이라는 인간학적 궤적은 들어설 자리를 잃게 되었다.

푸코는 주로 후기 저작을 통하여 우리 사회가 동일자와 타자(동지와 적)를 구분하여 경계를 그음으로써 마련하고 있는, 우리 삶에 내재한 수많은 나눔의 체계와, 그 안에 은닉되어 있는 배제의 메커니즘에 의문을 던진다. 그리고 그것들의 분절 과정에 내재한 힘의 작용과 역학 및 가치의 문제를 파헤치려고 시도한다.

이러한 푸코의 기획을 염두에 두고, 인간의 몸을 매개로 벌어지는 힘의 역학 관계를 광기와 비이성의 관점에서, 또 신체 규율과 권력 메커니즘의 틀 내에서, 끝으로 성담론과 생명 통제 권력의 맥락 내에서 살펴보기로 한다. 즉 인간의 몸을 매개로 벌어지는 전략과 권력 관계를 천착하는 데 초점을 맞추고자 한다.

우선 그의 첫 번째 주저라 할 수 있는『광기의 역사』를 검토함으로써 광기와 비이성의 문제가 어떻게 인간 삶을 규정하는가를 논의해 보고자 한다. 이 책은 바로 조금 전에 언급한 나눔의 문제와 배제의 문제가 극명하게 드러나는 주요 작품으로 볼 수 있다.

2 장

나눔의 문제, 광기와 비이성

1. 광기, 사회 문화적 실천의 산물

푸코는 이 책을 통하여 광기가 자명하게 드러나는 행위적 또는 생물학적 사실이 아니라 다양한 사회 문화적 실천들의 산물임을 드러낸다. 광기란 전사회적(presocial)인 어떤 본질을 갖는 것이 아니라 특정한 시대에 주어진 문화의 필요와 요구 또는 그 시대의 특정 상황과 관련되어 자체의 존재 영역과 자격을 획득한다는 것이다. 푸코는 이러한 자신의 입장을 드러내기 위해 정신의학적 차원에서 과학적으로 접근해 나가는 것이 아니라 보다 더 심층적 수준에서 그것들이 광기와 정상으로 분절되어 나타나기 이전의 모습을 그 역사적 지층 내에서 파헤친다.

그리하여 특정한 역사적 시기에 광기라는 대상이 어떻게 형성되었는가를 밝힘으로써 광기의 타자로서 나타나는 이성에 근본적인 의문을 던지고, 마치 과학적 타당성을 보증받기라도 한 듯 현재까지 이어져 오고 있는 정상과 비정상의 담론이 갖는 내면적 특성을 역사적 변천 과정을 통하여 보여준다. 바로 여기에서 『광기의 역사』가 일반적인 정신의학사와 어떻게 다른지가 극명하게 드러난다. 『광기의 역사』는 사실적 자료들을 다루는 정신의학사를 중립적 차원에 놓으며 각각의 이론들이 등장할 수 있는 가능조건을 개념적 차원에서 역사적으로 드러낸다. 푸코는 역사적 인식론과도 일정한 거리를 두고 정신의학이 출현하는 장을 탐색한다.

결국 이 같은 시도는 정신의학의 이론이나 과학적 담론이 어떤 근거에서 등장할 수 있었는가를 밝히는 작업이라 할 수 있다. 광기의 역사를 고고학적으로 접근해 나가는 푸코의 방법이 갖는 또 하나의 특징은 일반적인 과학 이론들을 무조건 거부하거나 비판하지 않는다는 점이다. 다만 광기의 본질을 규명하기 위해 그것들을 괄호로 묶어놓을 뿐이다. 여기에서 주로 다루어지는 시기는 광인에게 이

중적 의미를 부여하던 르네상스 시기와 '대감금'으로 특징지어지며 비이성으로 분류되는 고전주의 시기, 그리고 좀 더 과학적 의미가 가미됨으로써 정신의학의 입지를 굳히며 인간주의적 특색을 가시화하는 근대에까지 이어진다.

2. 배제된 비이성

이야기책을 읽듯이 이 작품에 담겨 있는 줄거리를 간략하게 살펴보자. 푸코에 따르면, 르네상스 시대(고전주의 이전 시기)에는 광인이란 정상인으로부터 배제되지 않았으며 인간이 경험할 수 있는 특정한 신비하기까지 한 어떤 요소를 지닌 것으로 이해되었다.

중세에서는 광기가 '신의 작업이 악마적으로 드러난 것'이라고 보고 경외의 대상으로 여겼으며 심지어는 이승에서 접근할 수 없는 신비의 세계나 피안의 비밀을 담지하고 있는 존재로 간주했다. 즉, 세계에 대한 거대한 비극적 힘들과 교류하는 어떤 것으로 나타난다. 여기에서의 광기는 인간을 비밀스런 지식과 숨겨진 지혜에로 인도하는 인간의 동물성인 것이다.[1] 한편으로 그들은 '바보들의 배'라는 보쉬의 그림에서 보이듯이 어떤 위협적 존재로 여겨지기도 했으나 여전히 그들은 세계의 어두운 필연성과 환상 속의 인류 운명을 구체화하는 것으로 받아들여졌다. 이렇게 광기가 이해됨으로써 광기는 지식의 담지자로서 또 인식과 계시의 수단으로 광범위하게 이해되었음을 알 수 있으며 이런 까닭에 진리의 중심에 서 있음을 알 수 있다.

16세기 초엽에 나타난 광기의 이러한 이중적 특성은 고전주의 시대에 들어서면서 신비적 측면은 사라지고 오직 비판적 경험만이 남게 된다. 고전주의 시대와 더불어 이성과 광기의 관계는 근본적으로 변형되는데 이런 변형의 계기는 대감금(le Grand Renfermement)에 의해 특징지어진다. 푸코에 따르면, 이성과 비이성을 구분하고 광기를 배제하는 것을 실행하는 제도적 실천이 바로 '감금'이다. 그리고 점차 광인에게 침묵을 강요하고 폐쇄된 세계에 가두어 두는 것이 바로 '대감금'이다.

1656년의 칙령은 무질서의 근원이 되는 걸식과 나태함

---

1) M. Foucault, *Madness and Civilization*, New York: Pantheon, 1965, p.26.

을 막기 위해 기존의 나환자 수용소 시설을 개조하여 이른바 빈민 구호병원을 세우도록 한다. 여기에 감금된 사람들은 광인들뿐 아니라 병자, 약자, 난잡한 사람, 신성 모독자, 반항적 아이들을 포함하는 이질적 집단들이었다. 푸코에 따르면, 그들의 가장 뚜렷한 공통적 특징은 모두가 게으르다는 점이었다. 고전주의 시대의 사유는 당시의 규범에 어긋나는 것들, 즉 타자로서 나타나는 모든 것들을 하나의 범주에 묶어 '이성'(raison)이 아닌 '비이성'(déraison)으로 분류해 배제하기 시작했다.

이 시대에 분류된 광기란 어떤 것인지 개념적 차원과 정의적 차원에서 살펴보자. 인간의 이성적 요소를 결여한 것을 광기라고 규정할 때 우리가 부딪치는 어려움은 그것을 어떻게 규정할 수 있는가의 문제이다. 이성의 반대 급부로서, 이성의 저편에 자리하고 있는, 이성의 언어로 접근할 수 없는 비이성을 어떻게 이성의 언어로 정의할 수 있는가의 문제에 직면하게 된다. 여기서 푸코는 광기가 언제나 그 자체로서가 아닌, 단지 '이성이 아닌 어떤 것'으로서 규정되어 온 사실에 주목한다. 각 시대에 따라 '이성적인 것'이 어떤 것으로 규정되느냐에 따라 광기는 '이성적인 것이 아닌 것'으로 규정되어 왔다는 것이다. 중세의 나환자가 사라질 무렵, 중세의 동일성을 보증해 주던 타자격인 나환자를 수용했던 그 수용시설에, 이제는 이성의 타자로서 광인이라는 이름의 무리가 그곳을 채우기 시작한 것이다.

> "나병은 사라졌지만 이 비천한 장소들과 의식들은 그대로 존속하고 있었다. 나병에 대한 의식은 나병을 극복하기 위해서가 아니라, 나병으로부터 신성한 거리를 유지하고 나병을 저주 속에 묶어두기 위한 것이었다. 나환자 수용소가 비워져 가는 동안에 나병보다도 더 오래 존속한 것은 나환자의 모습에 투영되었던 이미주와 가치였으며, 이러한 격리가 갖는 의미는 즉 신성한 집단에 소속되지도 못하면서 그렇다고 그 집단에서 축출되지도 않은 이 두렵고 고집스런 모습이 갖는 사회적 중요성이었다."[2]

결국 이러한 경험적 개념적 단절을 만들어낸 것은 사회적인 것이라는 점을 주목할 필요가 있다. 당시의 감금 행위에는 정치적, 사회적, 도덕적, 경제적 의미가 부여되어

---

2) ibid., p.6.

있었던 것이다. '병원'이라는 공간에 묶여 있던 사람들은 오늘날의 개념에서처럼 '환자'가 아니라 당시의 질서 속에서 정상인으로 분류되지 않는 사람들이었다. 의사 또한 환자의 신체를 치료하는 의료 전문가라기보다는 그들의 정신을 교정하고 훈련하는 교화자이자 종교적 사제들이었다. 그들은 의학과 과학적 지식에 의존하여 환자를 치료하는 것이 아니라 화형대, 감방, 지하 감옥 등을 관리하는 간수의 역할을 했다. 그리고 그들의 치료는 광인의 신체 자체, 즉 광기의 구체적이고 확실한 표시인 광인의 신체를 대상으로 했다. 그러나 신체를 대상으로 한 광기의 치료 방법이란 사실 도덕적 교화와 연결된 것에 불과했다.[3)]

또 한 가지 간과해서는 안 될 사실은 광기가 이성으로부터의 일탈이라는 도덕적 판단에 의해 규정됨으로써 과학적 지식이 광기와 연결점을 찾을 수 없게 되었다는 점이다. 즉 그들이 광인이 된 것은 그들의 선택임으로 치료의 대상으로 간주되지 않았고 당시에 제시된 의학 이론들은 광기의 치료라는 문제와 관계를 맺기 어려웠다. 왜냐하

3) ibid., p.169.

면 고전주의 시대의 사유 틀과 질서에서는 광기를 질병으로 인식하지 않았기 때문이다. 푸코는 고전주의 시대의 의학 이론과 이에 관련된 치료적 행위가 고전주의 시대의 광기 경험을 이해하는 데는 큰 도움을 주지는 못하지만 18세기 말에 등장하는 '정신병'이라는 새로운 광기 개념에로의 이행 과정을 설명하는 데는 중요한 역할을 차지한다고 본다.

3. 광인 보호 시설과 정신병리학의 출현

18세기 말부터 19세기 초에 들어서면서 광기는 비행(délinquance)과 분리되고 감금 장소는 보호 시설로 바뀐다. 이러한 변화를 겪게 되는 이유를 푸코는 다음과 같이 제시한다. 우선 고전주의적 감금 체계에서 온전한 사람을 광인과 함께 수용한다는 것은 부당하다는 생각이 팽배해 있었다. 광인은 감금된 사람들로부터 격리되어야 한다는 생각이 퍼져 있었다. 둘째, 외적인 사회 경제적 변화는 이전의 감금 체계를 해체하는 데 큰 역할을 담당했다. 고전주의 시대에 있어서 빈곤은 도덕적 결함이었으며 나태한 게으름으로 평가되었고 이러한 게으름은 비이성을 규정짓는 사회적 기준이었다.

그러나 이 시기에 들어서면서 빈곤은 전체적인 부를 창출하는 데 필요한 조건으로 간주되었다. "왜냐하면 노동하되 적게 소비하는 사람들이 국가를 풍요롭게 하므로 빈민이 없으면 빈곤해진다"[4]는 생각을 하게 되었기 때문이다. 빈민에 대한 새로운 관점은 감금 행위를 경제적 오류로 여기게 했던 것이다. 그러나 감금된 빈민은 노동이 가능한 사람과 노동이 불가능한 사람으로 분류되어 결국 후자에 속하는 죄수, 환자, 광인들은 아무런 경제적 가치가 없기 때문에 감금 체계에 다시 묶이게 되었다. 더욱이 광인은 환자나 죄인들과 같은 장소에 수용될 수 없다는 것이 일반적인 견해였으므로 광인들만을 위한 분리된 감금 체계가 요청되었다.

광기를 교정 가능한 도덕적 결함이라고 여기는 새로운 의식은 단순 배제라는 고전주의 시대의 낡은 방식과는 다

4) ibid., pp.229～230.

른 체계를 가능케 했다. 이때 지배적인 모델로 등장한 것은 병원의 형태를 띤 감금 모델이다. 푸코는 이러한 발전이 의학적 개입으로부터 발생한 것이 아니라 감금 기관의 변화로부터 나온다는 점을 강조한다. 의료 전문가로서의 의사 역시 초기에는 광인에게 아무런 치료적 역할도 하지 못했기 때문이다.

표면적으로는 과학적 연구와 광인 치료의 장소로 등장한 감금 수용소는 "더 이상 광인의 죄를 처벌하지는 않았지만 광인의 죄를 구성해 냈다. 수용소에서의 죄의 구성은 광인에 대해서는 자기의식의 형태로 그리고 간수와 불평등한 관계로 이루어졌으며 이성의 인간에 대해서는 자기 속에 있는 타자에 대한 인식의 형태로 이루어졌다. … 처벌의 대상으로서 자신의 위치를 인정함으로써, 자신의 죄를 인식함으로써 … 이성을 회복했다."[5]

푸코는 수용소 운동에서 지도자로 부상하는 튜크와 피넬의 작업을 면밀히 검토함으로써 이성과 광기와의 관계가 어떻게 재구성되는가를 보여주려고 시도한다. 튜크는

5) ibid., p.247.

고전주의적 감금의 침침한 방으로부터 광인들을 해방시켜 전원 분위기의 '묵상의 집'(Retreaté)에 살도록 하였다. 문명의 질병들로부터 벗어나 자연 상태로 복귀하면 광기는 사라진다는 것이다. 그러나 푸코에 따르면, '묵상의 집'은 루소적인 자연 상태로의 직접적 회귀가 아니라 작업과 관찰이라는 두 가지 제약에 복종하면서, 성서적 가족이라는 사회적 노선을 따라 구조화된 사회체 속으로 귀환하는 것에 불과하다.

수용소의 창설은 일반적으로 의학적 실천에 있어 상당히 중요한 진전으로 해석된다. 그래서 그것은 광인 치료를 향한 인간적 진보 내지는 박애적 태도의 등장으로 간주되어 왔다. 그러나 푸코는 이러한 관점을 진보적 계몽의 이념이 만들어낸 신화라고 해석한다. 왜냐하면 이전의 시대에 광인에 대해 행해졌던 것보다 효과의 측면에서 더 잔인하며 교활해졌기 때문이다.

푸코의 관점에서 볼 때 튜크의 방식은 광인을 자연적 삶으로 복귀시키는 것이 아니라 "광인 스스로를 자기 자신과 논쟁하는 도덕적 요소들 안에 위치시키는 것이다. 이런 여건 속에서의 광인은 보호받기보다는 법과 위반에 의해 끊임없이 위협받으면서 영구적인 불안 속에 놓이게 된다."[6]

튜크는 고전적 체계와는 달리 두려움과 죄의식을 내면화시킴으로써 "광인의 자유로운 공포를 책임이라는 숨막히는 두려움으로 대체시켰다." 즉 "수용소는 죄의식을 만들어낸다"[7] 따라서 튜크의 수용소는 이전의 감금 형태보다는 인간적이라 할 수 있지만 본질적인 면에서는 더욱 기만적이고 지배적인 형태를 띠었다고 할 수 있다.[8]

푸코는 피넬이 행한 비세트르에서의 광인 '해방'에 대해서도 유사한 분석을 하였다. 얼뜻 보면, 피넬의 수용소는 튜크의 수용소와는 근본적으로 다른 것처럼 보인다. 왜냐하면 튜크의 방식은 종교적 공동체에 기초한 반면, 피넬은 종교에 반대했기 때문이다. 그러나 양자는 모두 광인을 부르주아 도덕에 통합시키겠다는 공통의 목표를 공유하고

---

6) ibid., p.245.

7) ibid., p.247.

8) 고전주의 시대의 감금 형태 속에서는 광인은 책임과 죄의식으로 고통받을 필요가 없었으며 또한 스스로를 감시할 필요도 없었기 때문이다.

있었다.

피넬의 광인 치료 방법은 튜크와는 달리, 광인을 '자연 공동체'로 후퇴시키는 대신 광기가 발생한 사회의 저급한 부류로부터 끌어내어 부르주아 사회로 통합시키려고 했다. 이를 위해 피넬이 사용한 치료 기술 중의 하나가 침묵의 기술이다. 이것은 광인이 계속적인 냉대에 의해 수치심을 느낌으로써 광기에 대한 자기 중독을 버리고 사회의 규범을 받아들일 때까지 한마디 말도 하지 못하도록 금지하는 것이다. 또 하나의 기술은 광인 스스로가 자기의 주장이 어리석음을 다른 광인들을 통하여 볼 수 있도록 하기 위한 것으로 '거울에 의한 인식'이 있다.

새롭게 구성된 수용소는 광인을 치료한다는 명분 속에서 사실은 특정한 도덕적 가치들을 — 고전 시대에서처럼 야만적인 대우와 신체적 징벌로서가 아닌 — 해방의 관점에서 '인도주의 적인' 방법으로 강화시키고 체득케 한 것이다. 말하자면 피넬과 튜크는 새로운 수용소를 구축함으로써 광인 스스로 죄의식을 갖게 했다. "광기는 관찰되는 대상으로서만 존재한다. … 수용소에서 발달된, 정신의학은 따라서 관찰과 분류화의 기법이 만들어낸 질서이다."[9]

이러한 공통점 외에 튜크와 피넬의 작업에 있어서 중요한 특징은 의료 종사자가 신격화되어 등장하고 있다는 점이다.[10] 푸코에 따르면, 의사가 수용소를 지배할 수 있었던 것은 과학적 의료 지식 때문이 아니라 도덕적 권위 때문이었다. 당시 의학적 지식은 환자의 상태를 개선시키는데 거의 사용되지 않았으며 의학적 수단은 회복과 무관했기 때문이다. 광기는 의사들의 보이지 않는 법정에 의해 끊임없이 판결되었다. 광인을 치료하는 데 있어서 튜크와 피넬은 과학을 도입한 것이 아니라 과학의 이름으로 스스로의 역할을 정당화하는 의료인(Homo Medicus)을 도입한 것이다.

푸코는 실증주의의 이상에 따라 19세기 의료 행위가 발전하면서, 과학적 심리학과 현대적 개념들이 이와 같은 역사적 사실들을 은폐한 채 정신의학의 진보를 유포시켰다고 주장한다. "피넬에서 프로이트까지의 19세기 정신병리학의 객관성은 출발부터 마술적 성격의 구체화이다. 이 마술적 성격은 도덕적 행위로부터 시작해서 점차로 실증주

9) ibid., p.250.

10) ibid., p.269.

의가 제시한 과학적 객관성의 신화에 의해 잊혀져 갔다. 우리가 정신 병리적 치료라고 부르는 것은 수용소 생활의 관례 속에 유지되고, 실증주의의 신화에 의해 가려진 18세기 말에 나온 일종의 도덕적 전술이다."[11]

치료 목적으로 설립된 보호 시설에 배치된 광인은 이제 정신병리학적 담론이 마련한 장소인 정신병원에 놓이게 되었다. 정신병리학적 담론이 인도주의와 실증주의를 내세우는 데 대해 푸코는 그 원천인 감금을 염두에 두고 그 사회 정치적 성격을 변형시킨 것임에 불과하다고 설명한다.

정신병리학은 광인들을 보살피기 위해 사슬을 풀어주고 '해방'시키지만 실제로는 소외를 가중시키며 여전히 감금을 활용하고 일정한 가치 체계와 도덕을 강요한다. 고전주의 시기에는 광기에 대한 이성의 독백이 구축되었다면, 19세기에는 광인에 대해 정신병리학적 담론의 독백이 구축되었다. 광인은 말할 수 없고 다만 치료하는 의사에게만 말할 권리가 주어질 뿐이다. 의사는 치료라는 명분 아래

---

11) ibid., p.276.

도덕과 규범을 강요하고 광인의 소리에는 귀 기울이지 않는다.[12] 의사가 요양소에서 가졌던 지위란 과학자라기보다는 사법적, 도덕적, 종교적 지위를 아우르는 현자의 역할을 떠맡았다.

한편 푸코는 프로이트의 정신분석학과 관련하여서도 흥미로운 통찰을 제시한다. 프로이트는 정신분석학을 언어적 설명의 차원으로 끌어내어 인간의 심층적 내면 속에서 어떤 개별적 진리를 끌어낼 수 있는 기법을 마련하게 되는데, 이러한 프로이트의 방법을 과학적 발전이라고 보는 종래의 입장에 푸코는 반기를 든다.

프로이트의 정신분석학에 있어서 의사가 하는 일은 환자의 말에 귀 기울임으로써 환자의 속내 비밀이 끌어내어지도록 인내심 있게 듣는 것이다. 그러나 이러한 기법은 서구 기독교 사회의 사제를 통한 고백(즉 고해성사의 이름 아래 행해졌던) 문화에 그 뿌리를 두고 있다. 말하자면 정신분석학자는 의사이기 이전에 사제인 셈이다. 프로이

12) 푸코는 광인들 가운데 자신의 세계에 대한 비극적 경험을 외치는 데 성공한 인물로 네르발, 반 고흐, 니체, 횔더린을 제시한다.

트는 요양소에서 이루어지고 있던 정신적 교화를 위한 기법들 모두를 탈신비화하고, 침묵과 관찰을 폐지시켰으며 스스로의 거울상 속에서 자신을 인식하는 광기라는 개념을 제거했다.

광기의 역사를 통해 푸코는 한 사회가 광기에 대한 경험을 구성하고 광기에 관한 언어를 전개시키는 방법을 추적함으로써 이성의 시대에 타자로서 등장한 비이성이 어떻게 침묵하게 되었는가를, 그리고 객관적 이념에 근거한 것처럼 보이는 현대 심리학과 정신병리학의 역사적 기원이 얼마나 우연적인가를 드러내 보인다.

푸코의 철학적 기획에서 보면, 『광기의 역사』는 이성주의에 이의를 제기하고 이성의 언어가 마련한 질서와 참된(?) 진리를 폭로함으로써, 바로 이러한 나눔, 분절의 논리가 인간을 지배하도록 허용하는 권력의 작용이란 점을 밝혀낸다. 푸코는 합리주의가 인간을 언제나 예속으로부터 해방시키는 것이 아니며 인간을 불구로 만드는 예속과 배제의 수단으로 기능할 수 있음을 보여주고 우리가 그 동안 자명한 것으로 보아오던 이성의 진리와 지식 체계에 근본적인 물음을 던진다.

3 장

몸에 대한 규율과 권력 메커니즘

1. 신체형의 시대에서 인도주의 시대로

푸코는 『감시와 처벌』을 통하여 고전주의 시대와 근대를 기점으로 변화를 겪는 서구의 감금제도와 처벌에 관해 검토한다. 『광기의 역사』에서 광인이 정상인의 타자로 등장했다면, 여기서는 비행자(délinquant)가 타자로서 그 모습을 드러낸다.

앞서 고찰한 『광기의 역사』가 정신병리학의 역사가 아니듯이 『감시와 처벌』(감옥의 탄생) 또한 그 제목이 던지는 이미지와 달리 유폐제도의 역사에 대한 고찰이 아니다. 여기서는 서구의 형벌제도를 계보학적 방법을 동원하여 각 시대에 권력이 어떻게 개인을 특정한 방식으로 통제,

관리하는지를 분석하고 그러한 과정에서 발생하는 권력과 지식의 연계 문제를 탐색한다.

푸코에 따르면, 형벌제도는 크게 18세기까지 자행되었던 가혹하고 잔인함의 극치를 이루었던 신체형에서, 계몽주의 시대를 거치면서 인간주의적 측면이 가미되어 나타난 감금제도를 거쳐 이후 감옥이라는 형태로 확립된다. 절대군주의 권력이 극대화되어 있던 절대왕정 하에서 신체형은 육체에 고통을 주고 고문을 가하는 잔혹한 광경을 하나의 스펙터클처럼 민중에게 공개함으로써 군주의 절대권력을 민중 앞에 과시하는 하나의 의식이었다. 이것은 하나의 정치적 제의(祭儀)로서, 죄수를 감금하는 것이 아니라 보복적 차원에서 처형했다.

이 시대의 형벌제도가 갖는 두드러진 특징은 직접적 잔인성에 있다고 볼 수 있다. 당시의 형벌은 어떻게 죄인의 신체에 각 범죄에 해당하는 가장 합당한 최대의 고통을 가하는가에 집중된다. 신체에 가하는 고통은 각 범죄의 특성에 따라 정교하게 측정된 뒤 시행되었다. 이러한 비효율적이고 잔혹하면서도 비인간적인 제도는 18세기의 사회변화와 더불어 변화를 겪는다.

프랑스 대혁명 이후 계몽사조와 더불어 법률적 개혁주의의 시대가 전개된다. 이제 기존의 형벌제도는 법률 개혁가들의 공격 목표가 되었다. 이 시대에 접어들면서 처벌권에 대한 새로운 도덕적, 정치적 정당성이 제기되었고 낡은 관습은 사라져갔다. 인도주의자들은 범죄에 대한 지나치게 잔인한 폭력 행위를 비판하고 사법부에 보다 더 합리적인 처벌을 요구하면서 개량되어 가기 시작한다. 그리하여 다양한 범죄들을 분류하고 특성별로 나누며 그에 상응하는 적절한 처벌과 훈육 및 교육적 방안을 마련하기 시작한다.

가시성을 형벌의 기본 골격으로 삼는 신체형 시대에, 군주의 신체와 죄인의 신체는 절대적 보호의 대상과 극한적 고통의 담지자라는 극단적 대립 관계 속에 맞물리면서 권력의 힘이 대중에게 전달되는 가시적 현장이었다면, 이제는 권력의 표적이 '법'이라고 하는 추상적이고 중성적인 힘으로 자리를 옮긴다. 그리하여 권력의 작용점은 신체가 아닌 정신으로 이동한다. 이제 형벌의 목적은 복수가 아니라 교정이나 감화 또는 치료가 된다. 그러나 이때 작용점이 신체에서 정신으로 이동했다 해도 여전히 신체는 작용점의 상관자로서 중요한 위치를 차지하게 된다. 현대 사회에서 형벌제도를 신체에 관한 일종의 정치 경제학 속에 다시 정위시켜야 하는 이유가 바로 여기에 있다.

이러한 변화 속에서 과거 사형 집행인이나 사형수의 고통을 유발하는 데 기여했던 해부학자 대신에 일단의 다른 전문가들이 등장하게 된다. 그들은 간수, 의사, 사제, 정신과 의사, 심리학자, 교육학자들로, 그들의 존재로 사법 당국은 신체와 고통이 처벌 행위의 최종 목표가 아니라는 것을 증명해 보인다.

법에 의거한 이러한 처벌은 형법전(le Code)이 규정하는 법률적 객체를 심판하지만 동시에 정념, 본능, 비정상, 불구, 부적응, 환경 혹은 유전의 영향을 심판한다. 즉, 공격적 행위에 대해 심판하지만 그것을 통해 공격적 성향을 심판하는 것이고, 강간을 심판하지만 그와 동시에 성도덕의 타락을 심판하는 것이며, 살인 행위를 심판하면서 충동이나 욕망을 재판하는 것이다. 재판관은 범죄 이외에 범죄자의 정신을 재판하기 시작한 것이다. 재판 행위의 법률적 양식 내부에 다른 유형의 평가가 유입되어 재판의 고유한 규칙을 근본적으로 변화시키게 된다.

그리하여 이제는 단순히 “어떠한 법률로 이 범죄를 처벌하는가?”보다는 “가장 적절한 어떤 조치를 취할 수 있는가?”, “어떻게 하면 그가 가장 확실하게 교정될 수 있는가?”가 문제시된다. 그리고 “그것은 착란에 근거한 우발사건인가?”, “정신병적 반응인가?”, “범죄자 자신의 어디에 살인의 원인이 있는가?” 등을 문제삼는다.[1] 범죄자 개인을 둘러싼 평가, 진단, 예후, 규범에 관한 판단의 총체가 형사 재판의 골격 속에 자리잡게 된 것이다. 광기의 문제가 형벌의 실행 단계에서 어떤 위치를 점하는지를 유추해 볼 수 있는 부분이다. 우리는 이러한 맥락에서 판결이 규범에 대한 평가와 규범화의 가능성에 대한 기술적인 내용을 함축하고 있음을 알 수 있다.

무엇보다도 이 책에서 푸코가 강조하고 싶은 것 가운데 하나는 형벌제도가 위법 행위를 응징하는 하나의 수단이라고 하는 환상을 버리고 사회적 현상으로서 형벌제도를 연구해야 한다는 것이다.

푸코는 또한 18세기 후반에 감옥제도가 만들어지고 그

---

1) M. Foucault, *Surveiller et punir*, Paris: Gallimard, 1975, p.26 참조.

것이 일반화되면서 더욱 조직적이고 체계적으로 규율적 사회가 만들어지는 과정에 주목한다. 그는 감옥제도를 규율적 권력이 행사되는 전형적인 예로 보면서 이런 권력이 사회 전역에 침투해서 현대 사회를 규율적 권력이 편재하는 '유폐적' 사회로 만들어 나간다고 본다.

푸코는 이러한 권력의 메커니즘이 인간의 신체에 작용한다고 보는데 이때 권력은 신체를 억압하는 것이 아니라 신체를 특정한 목적에 맞도록 만들어내는 점에 주목한다. 권력은 신체를 길들이는데 푸코는 이를 신체에 대한 권력의 미시물리학이라고 칭한다.

푸코는 신체에 대한 권력의 작용을 통해 사회의 다양한 영역들 — 작업장, 군대, 감옥, 병원, 학교 등 — 에서 규율이 생산, 수행되는 일정한 방식들에 주목한다. 규율은 개체를 통제하고 관리하며 훈련시키고 조직화하는 기술을 통해 작용한다. 규율 사회는 신체를 길들이고 감시하는 사회로서 신체를 처벌의 표적으로 삼는 것이 아니라 신체를 길들임으로써 그 효율성을 증대시킨다. 이러한 형태는 고전주의 시대를 전후하여 작업장, 병원, 공장, 병영, 학교 등에서 실행되고 감옥은 그것의 완전한 형태를 보여준다.

규율 사회에서 필요로 하는 것은 구속하고 억압하여 대량적 방식으로 강제하는 피라미드적 권력에 복종시키는 것이 아니라 갖가지 기술을 다양화하는 것이다. 즉, 세부적 규제, 연습, 훈련, 시간 사용, 평가, 시험, 기록 등을 통하여 신체의 미세한 부분에 이르기까지 작용해서 신체를 길들여 가능한 효율을 최대화하기 위해 신체의 동작을 통제하려는 것이다. 고전주의 시기에 군사, 의학, 사회, 산업 제도 상에서 '권력의 미시물리학'이 점차 자리를 잡아나가고, 개인들을 통제하려고 세심한 주의를 기울이는데, 감옥은 그것의 귀결점에 해당된다.

그러면 규율이 공간과 시간을 어떻게 활용하는지 살펴보자. 이 기술을 통하여 신체는 분할되고 계산된 공간, 시간에 합리적으로 배분된다. 규율은 폐쇄된 공간을 부여하거나 보다 더 유연하고 세밀하게 공간을 재구성하여 개인마다 자리를 정하고, 활동 공간을 할당하는 방식으로 기본적인 위치를 결정하거나 분할하는 방식을 택한다. 이러한 규율 공간은 '작은' 단위로 분할된다. 이것은 집단을 분해하고, 혼잡하고 밀집해 있거나 파악하기 어려운 다수를 파악 가능한 '작은' 단위로 해부한다. 이러한 규율은 공간을

분석적으로 조직하는 것이다.[2)]

작업장에서 감독자는 일정한 공간적 배치를 통해 직공의 출결 상황, 근면성, 작업의 질을 확인하고 직공들을 비교하여 그 숙련도와 신속도에 따라 분류하고 제조 과정의 연속적인 단계를 감시한다.

규율은 또한 서열에 따라 개인을 배치하는데, 이때 서열이란 어떤 등급, 수직적 분류에서 개인이 차지하는 위치를 말한다. 예컨대 18세기의 학교는 학급 안의 일정한 서열을 통해 질서를 확보한다. 즉, 일정한 서열 안에 개인을 배치한다. 교실, 복도, 운동장에서 학생의 정열, 숙제나 시험과 관련하여 부과되는 서열, 난이도에 따라 학습내용이나 논의 주제가 차별화되는 것 등을 통해 서열화한다. 이러한 배열은 학생의 나이, 성적, 품행에 따라 변한다. 학생들은 이러한 일련의 세부항목들 상에서 계속 이동하고, 상호 끊임없이 교체되는 운동의 요소로 여겨진다.[3)]

다음으로 규율은 시간을 어떻게 활용하여 통제하는가를 살펴보자. 규율은 시간을 정교하게 만들어 가급적 작은 단

---

2) ibid., p.144, p.215 참조.

3) ibid., pp.148～149, pp.219～221 참조.

위로 계산한다. 군대, 학교, 작업장, 병원 등은 시간을 세밀하게 분할한다.

19세기의 학교의 예를 보자. 8시 45분 : 지도교사의 입실, 8시 52분 : 교사에 의한 집합 신호, 8시 56분 : 아동의 입실 및 기도, 9시 : 착석, 9시 4분 : 첫 번째 받아쓰기 등. 공장, 군대도 이와 같은 틀을 마찬가지로 활용한다.

푸코에 따르면, 고전주의 시대에 개별적인 존재의 시간을 지배하고, 시간과 신체의 힘의 관계를 관리하고, 지속되는 시간을 누적시키고, 시간을 이익과 효용이 증대되는 형태로 전환하는 새로운 기술이 개발된다. 여기서의 관건은 어떻게 개개인의 시간을 자본화하여 그것을 활용하고 통제할 수 있도록 개인들의 신체, 힘, 능력에 축적할 수 있는가이다. 이처럼 규율은 시간을 자본화하는 장치이기도 하다.[4] 규율은 단순한 용수철 장치에 의해서 큰 효과를 낼 수 있는 거대한 기계가 되려고 시도한다.[5]

---

4) ibid., p.159, p.237 참조.

5) ibid., p.171.

2. 규율적 권력의 효과적 실행

푸코는 이러한 규율적 권력이 '위계질서적 감시'와 '규격화하는 제재', 그리고 이것들을 결합하는 '검사'(examen)를 통해 이루어진다고 본다. 위계질서적 감시(la surveillance hierarchique)는 일정한 위계질서 하에서 감시를 통해 생산과 통제를 통합하기 위한 것이다. 이것은 개인을 규율적 공간에 묶어두고 그들을 가시적으로 만드는 것이다.

이러한 권력의 광학은 하나의 중심점에서 모든 사물을 관찰, 조명하는 초점이 되어 하나도 빠뜨리지 않고 완벽한 시선으로 신체를 응시한다. 이러한 모델은 군대, 공장, 대규모 작업장, 학교, 기숙사 등에서 활용되는 것으로서, 감시를 통해 통제하며, 늘 가시적 공간에 노출되어 있다는 것을 인식시킴으로써 일의 효율성을 높이는 데 이용할 뿐만 아니라, 공간적 구조를 통해 자연스럽게 작동하도록 만든다. 이러한 자동적으로 작동하는 익명의 권력은 상부에서 아래로만 행사되는 것이 아니라 수평적으로, 또 메커니즘 전체 속에서 기능하고 영속된 영역 속에 개인을 배치함으로써 그 어느 곳에도 권력의 빛이 비치지 않는 그늘을 남겨두지 않는다.

그런데 이러한 '위계질서적 감시'의 구조가 기능하기 위해서는 일정한 기준이 필요한데, 그것이 바로 '규격화하는 제재'(la sanction normalisatrice)이다. 이것은 허용되는 행위와 금지되는 행위를 경계짓는 규범(la norme)의 기능을 하는 것으로서 정상적 행위를 설정한 뒤 그것에 위반되는 행위를 처벌하는 것이다.

이런 식으로 일탈에 대해 처벌하는 경우를 우리는 공장이나 학교 또는 군대 등에서 쉽게 찾아볼 수 있다. 예컨대 시간에 관한 일탈로서 결석, 지각, 업무 중단을 들 수 있으며, 행위에 관한 일탈로서 부주의와 태만, 태도에 관한 일탈로서 무례와 반항, 언어에 관한 일탈로서 수다와 건방짐, 신체에 관한 일탈로서 버릇없는 자세, 적절치 않은 동작, 불결함 등을 들 수 있으며, 성에 관한 일탈로서 저속함, 음탕함 등이 처벌될 수 있다.[6]

이렇게 일상생활의 미세한 부분이 특정화되고 구분되어 평가됨으로써 거의 모든 행동이 잠재적 처벌 대상이 된다.

---

6) ibid., pp.180～181.

그리하여 이에 순응하지 않거나 거부하는 경우는 모두 감시나 처벌 및 교정 대상이 된다.

끝으로 '검사'(examen)는 지식과 관련된 권력 관계가 드러나는 부분으로서 개인을 일정한 자료의 영역에 묶어두는 전략이라고 할 수 있다. 검사는 개인의 세밀한 자료를 분류, 기록, 관리하여 기록의 그물에 갇히게 만드는 것으로서 푸코는 이를 '기록하는 권력'(un pouvoir d'écriture)이라고 이름 붙인다.

예를 들어 학생 기록부는 학생들의 품행, 신앙심, 지식 습득 정도, 정신 상태 등을 세밀하게 기록해 놓는다. 이것은 개인을 하나의 사례로 만들어가는 과정으로서 기록 좌표에 한자리로 자리매김하여 개인들을 집합적 다수로 방치하지 않고 권력-지식의 효과나 대상으로 만드는 주요 방식인 것이다. 검사는 위계질서를 갖춘 검사와 규격화하는 판단을 결합하면서 분할하고 분류하며 힘과 시간을 최대한 끌어내고 적성을 최적화하도록 조립한다.[7]

---

7) ibid., p.194.

3. 비가시적 가시성, 판옵티콘(panoptisme)

폐쇄되고 세분되어 모든 면에서 감시받는 이 공간에서는 개인들의 가장 사소한 움직임도 통제되며, 모든 시선이 기록되고, 끊임없는 기록 작업이 중심부와 주변부를 연결시키고, 권력은 끊임없는 위계질서의 형상으로 완벽하게 행사된다. 나병이 대감금(le grand Renfermement) 사건에 어느 정도 모델 구실을 하고 추방 의식을 만들어냈다면, 페스트는 규율의 도식을 탄생시켰다.

페스트는 사람들을 이쪽과 저쪽으로 구분하는 집단적이고 이원적인 분리보다는, 다양한 분리와 개인별 배분, 감시와 통제의 심층적 조직, 권력의 세분화를 가져왔다. 나병 환자는 배척, 추방 봉쇄의 현실 내에서 개인의 분화가 간과된 반면, 페스트 환자는 다양하고 상호 관련되어 있을 뿐만 아니라 세분화된, 권력의 억압적 효과를 이루는 전술적 바둑판 모양의 분할 속에서 포착된다. 한편에서는 대감금이 이루어졌고 다른 한편에서는 개별적 훈육이 이루어졌다. 나병이 낙인찍히는 것이라면, 페스트는 분석되고 배치되는 것이다. 나병 환자의 추방과 페스트의 유치(留置)

에는 동일한 정치적 꿈이 담겨 있는 것이 아닌 셈이다.[8)]

> "사람들에게 권력을 행사하며 그들 사이의 관계를 통제하며 위험한 혼합을 해결하는 데는 두 가지 방식이 있다. 위계질서, 감시, 시선, 그리고 기록 행위가 구석구석까지 스며든, 페스트에 감염된 도시, 개개인의 신체를 명백히 그 대상으로 하는 확장하는 권력의 운용 속에서 꼼짝 못하게 된 도시, 이것이야말로 완벽한 통치가 가능한 도시의 유토피아이다. … 순수한 이론에 의거하여 법과 법률을 운용하기 위해서 법학자들은 자신들이 자연상태에 있다고 가정했던 반면, 통치가들은 완벽한 규율을 가동시키기 위하여 페스트의 상태를 꿈꾸어 보았다."[9)]

그러므로 상이하지만 반드시 양립 불가능한 것만은 아닌 두 가지 도식이 있다. 이 두 도식들은 서로 근접해 간다. 17, 18세기에 자행된 추방의 공간에 규율 중심적 분할 방식이라는 특유한 권력 기술이 적용된 것이 바로 19세기의 특징이라고 할 수 있다. 예컨대, 정신병원, 형무소, 감

---

8) ibid., p.200.

9) ibid., p.200.

화원, 병원 등 개인별 통제를 결정하는 모든 기관들은 이중의 방식으로 기능한다. 즉, 이원적인 구분과 특성 표시 방식(미치광이-미치광이가 아닌 자, 위험한 자-무해한 자, 정상인-비정상인)이 그것이다. 한편에서는 나병 환자를 '페스트 환자 취급' 하고, 추방된 자들에게 개인별 규율의 책략을 가하는데, 다른 한편에서는 규율 중심적인 통제의 과정을 통하여 누가 '나병 환자'인지를 명시하고 그에 대해 추방의 이원적 메커니즘이 작동하도록 한다.

각각의 개인을 대상으로 끊임없이 행해지는 정상과 비정상의 구분은 오늘날까지 계속되어 우리는 이원적인 특성 표시와 나병 환자들의 추방을 전혀 다른 대상들에 적용시킨다. 그리고 비정상인들을 측정하고 통제하고 교정하기 위한 모든 기술과 제도의 존속은 과거에 페스트의 공포가 야기했던 규율의 제반 장치를 그대로 가동시키는 근거가 된다. 오늘날에도 여전히 낙인찍히기 위해서건 아니면 교정하기 위해서건, 비정상인을 둘러싸고 행해지는 권력의 모든 메커니즘은 그러한 기술과 제도의 근원이 되는 두 가지 형태를 조합하고 있다.

영국의 철학자 벤담(Jeremy Bentham)에 의해 1791년에

제안된 유폐 장치인 원형 감옥(전면 감시 장치, Panopticon)은 이러한 조합의 건축적 형태임을 푸코는 부각시킨다. 원형 건물 내부에는 높은 중앙 탑이 있고, 그 주변에는 원형으로 배치된 독방들이 둘러싸여 있다. 이 구조물의 특징은 중앙 탑에서는 독방들을 지속적이면서 전면적으로 바라볼 수 있으나, 각각의 독방에 있는 죄수들은 자신은 완벽하게 보이지만 자신들(죄수들)을 감시하는 간수를 전혀 볼 수 없다는 점이다.

당시 이러한 원형 감옥은 감옥의 가장 이상적 모델로 제시되었다. 이것은 자신은 보이지 않으면서 모든 것을 볼 수 있는 권력, 어떠한 빈 공간도 남기지 않는 권력의 시선을 구조적으로 보여줌과 동시에 그것이 어떻게 가능할 수 있는가를 여실히 보여주는 사례다. 강제와 폭력을 사용하지 않고 자발적으로 소리 없이 작동하면서 효과가 연쇄적으로 일어나는 메커니즘을 구성할 수 있는 것이다. 또한 권력이 감시하는 대상의 수는 늘리는 반면 권력 행사자의 수는 줄임으로써 권력의 경제성을 확보한다.[10)]

---

10) ibid., pp.207～208.

푸코는 1820년부터 감옥이 그 주변을 맴도는 개인을 교정하는 것이 아니라 도리어 범죄인을 양산한다는 점을 지적하는데, 그 효율성과 문제점이 지적되어 폐지될 것을 요구받음에도 불구하고 지속되는 것은 감옥이 권력의 전략에 매개체로 기능하고 있기 때문이라는 것이다. 감옥은 범죄를 줄이는 데 실패했지만 비행을 생산하여 범죄학의 영역에 삽입시키며 비행을 범죄학의 측면에서 병리학적 주체로 생산하는 데 크게 성공했다는 것이다. 비행은 용인할 수 없는 불법에 관한 통제 수단으로 그 기능을 충실히 이행했으며 관용과 통제가 운용될 수 있는 거점으로서 유용했다. 법과 지식의 형태를 띠고 나타난 이러한 비행 개념은 그것에 기대고 있는 권력 관계를 총체적으로 받아들이게 할 뿐만 아니라 비행의 불법적 측면을 항상적 위험으로 조직화하는 데 필요한 요소인 것이다.

그러므로 감옥은 계몽적 이념이 내세우는 표면적 기능에 있어서 실패했음에도 불구하고 여전히 존재하며 사람들은 그것을 폐지하는 데 엄청난 저항감을 갖는다.[11]

---

11) ibid., p.182.

4. 생산하는 권력

푸코의 『감시와 처벌』은 18세기에서 19세기로 들어올 무렵 새로운 유형의 권력이 출현하는 것을, 서구 형벌제도의 역사를 매개로 계보학적으로 검토함으로써 보여준다. 계보학은 각각의 국면에서 제기되는 문제들에서 출발하여 그 동안 자명한 것으로 여겨져 온 것들의 기저를 탐색하고 그것들의 형성 과정과 출처 및 발생의 맥락을 탐색하는 방법이다. 이러한 방법을 통해 그는 보편적이고 필연적인 것처럼 보이는 일련의 사태들에 내재한 허구와 우연성을 지적하여 특정한 실천이 진리이고 필연적인 것처럼 작동케 하는 근거를 파헤친다.

그는 지층 내부에서 벌어지는 힘들의 역학 관계를 통해 담론 실천의 변환 과정을 설명하는데, 이때 원인으로 작용하는 것이 권력이다. 변환 과정을 일으키는 동인이 푸코에게서는 권력인 셈이다. 이때 권력은 전략인 동시에 관계로서 특정인에 의해 소유되는 것이 아니라 사회적으로 행사되는 전략이며 사회집단들 사이에서 발생하는 일종의 효과이다.

규율 사회에서 권력은 중심을 갖고 피라미드적인 방식으로 위에서 아래로 억압의 기제를 통하여서 작동하는 것이 아니라 다양한 가지를 가지고 분산된, 매우 다양한 층위를 가로질러 실행된다. 그것은 일정한 사회체의 상부에 위치하고 있지 않으며 아주 미세한 톱니바퀴처럼 신체, 몸짓, 태도, 개인의 일상생활에 이르기까지 모세혈관이라고 부를 수 있을 정도로 미세하게 접근한다. 이러한 기계장치는 다양한 동기를 지닌 기획의 산물로서 자체의 상황과 역사를 지닌 채 미시적으로 작동한다.

종래의 권력이 억압하고 금지하고 검열하는 것이라면, 이제 권력은 실재를 생산하고 진리를 산출한다. 푸코에게서 진위(眞僞)의 구분이란 권력이 담론을 통제하는 하나의 방식이다. 진리와 거짓은 푸코에게서 나눔과 배제의 도식 내에서 작동하는 하나의 역학으로서 항구불변의 지위를 갖고 있는 것이 아니다. 왜냐하면 권력은 대상들의 영역과 진리의 의식(儀式)을 산출하기 때문이다.

이러한 맥락에서 푸코는 진리와 이데올로기를 대립되는 것으로 이해하는 방식을 거부한다. 진리와 이데올로기란 단지 진리 게임이 안고 있는 두 얼굴이자 두 양태에 불과하다고 보기 때문이다. 그래서 중요한 것은 "과학성과 진리를 어떻게 선을 그어 구분할 것인가가 아니라 진리도 거짓도 아닌 담론 안에서 진리의 효과가 어떻게 생산되는가 하는 문제를 역사적으로 파악해야만 한다"[12]는 것이다.

일정한 사회 내에는 사회체를 구성하고 특성화하는 다양한 권력 관계가 존재하는데 이러한 권력 관계가 성립하기 위해서는 반드시 담론의 생산과 유통이 필요하다는 것이 푸코의 주장이다. 왜냐하면 권력 관계를 구축하는 담론이 생산되지 않고서는 어떠한 권력 행사도 불가능하기 때문이다.

규율적 권력은 사회체 자체의 요소들을 개체화하고 각각을 개별적 사례로 만든다. 이러한 과정에서 개체는 인식 가능한 대상으로 구성된다. 광인과 병자, 범죄자는 실제적 지식의 주체가 되며 형벌의 실천 과정을 통하여 인간은 '처벌의', '범죄학의' 대상이 된다. 그리하여 권력과 지식은 상호 직접적으로 연관됨으로 지식의 영역과 연계되지 않으면 권력 관계는 존립할 수 없으며 권력 관계를 상정하

---

12) 미셸 푸코, 홍성민 옮김, 『권력과 지식』, 한울, p.151.

지 않거나 구성하지 않는 지식은 존재하지 않는다. 하나의 지식을 창출하는 것은 인식 주체의 활동이 아니라 권력 지식의 상관 관계이고 가능한 인식 영역을 규정하는 과정과의 싸움이다.

이러한 해부 과정에서 '정치적 신체'는 물질적 요소를 담지한 기술의 총체이며 이러한 기술은 인간의 신체를 포위하여 지식의 대상으로 삼으면서 권력과 지식의 관계 내부에서 중계자, 전달 수단, 그리고 거점으로서 이용된다. 중요한 것은 — 처벌 기술이 신체형의 의례에서 신체를 점령하든, 정신을 대상으로 하든 간에 — 그 기술을 정치체의 역사 속에 놓고 파악하는 일이다. 푸코는 형벌의 실제를 법률 이론의 결과로 생각하기보다는 정치적 해부의 장으로 생각할 것을 거듭 촉구한다.

이렇게 된다면, 처벌 권력의 '미시물리학'은 하나의 계보학, 즉 근대 '정신'의 계보학을 만드는 데 결정적으로 필요한 요소로 기능하게 될 것이다. 푸코는 이 근대 정신 속에서 재활성화된 이데올로기의 흔적을 찾으려 애쓰기보다는 신체에 대하여 권력의 기술론, 신체의 정치 경제학이 갖는 상관 관계를 인식하게 되기를 기대한다.

4 장

성 담론과 생명 통치 권력

1. 억압 가설(l'hypothèse répressive)에 대한 푸코의 반론

푸코는 우리가 피상적으로 알고 있는 것과는 반대로 성은 억압되어 왔다고 보지 않으며 또한 권력에 의해 억압된다고 생각하지 않는다. 그래서 성해방주의자들이 성에 관해 좀더 많이 떠들고 공공연하게 거론하고 억압에서 벗어나 자유롭게 성을 추구하는 것이 해방이라고 주장하는 입장에 반대한다.

그는 그러한 입장에서 벗어나 복잡하고 다양한 성 장치(dispositif de sexualité)의 메커니즘이 우리의 삶 속에 얼마나 깊숙이 침투해 있으며 제도나 실천 또는 담론을 통하여 어떻게 작동하고 있는지를 권력에 내재한 전략의 관점에서 접근해 나간다. 성 장치는 성에 관한 담론을 침묵하게 하는 것이 아니라 수다스럽고 떠들썩하게 담론을 증식시키고, 성에 관한 일정한 담론의 영역들에 권력이 개재함으로써 성을 조직화하고 담론을 생산한다.

푸코는 '억압 가설'과 관련하여 세 가지의 질문을 던진다.[1] 우선, 성에 대한 억압은 역사적으로 명백한 사실인가? 다음으로, 권력 메커니즘은 본질적으로 억압적 질서 위에 놓여 있는가? 끝으로, 억압의 시대와 억압에 대한 비판적 분석 사이에는 진정 역사적 단절이 존재하는가?

그가 억압 가설에 대립시키고자 하는 문제들은 그러한 가설이 잘못되었다는 것을 보여주기 위한 것이라기보다는 오히려 17세기 이래 근대 사회의 내부에서 성에 관해 언급되어 온 담론들의 일반적 구조 속에 그 가설을 재정위시키기 위한 것이다. 요컨대 거기에서의 본질적 사항은 전반적인 담론적 사실(fait discursif)과 성의 담론화(mis en discours)에 대한 고찰이다. 둘째는 어떻게 권력이 일상적

---

1) M. Foucault, *Histoire de la seualité* 1, Paris: Gallimard, 1976, p.18.

쾌락에 침투하여 그것을 통제하는가를 아는 것이다. 권력의 동질 이상적 기술들(techniques polymorphes)을 탐색하는 일이다. 마지막으로 중요한 것은 담론 생산에서 버팀과 동시에 도구의 역할을 하는 '앎에의 의지'를 끄집어내는 것이다.

그러므로 그가 가리키고자 하는 것은 "16세기 이래, '성의 담론화'가 제한의 과정을 겪기는커녕 반대로 증대하는 선동의 기제에 종속되어 왔다는 것, 또 성에 대해 행사되는 권력의 기술은 엄격한 선별의 원칙이 아니라 반대로 동질 이상적인 다양한 성적 욕망들의 확산과 장착의 원칙을 따라왔다는 것, 그리고 앎의 의지는 제거할 수 없는 금기 앞에서 중단된 적이 없으며 — 틀림없이 많은 오류를 통하여 — 성적 욕망에 관한 과학(une science de la sexualité)을 구성하는 데 몰두해 왔다는 것" 등이다.[2)]

푸코에 따르면, 18세기 이래로 성(le sexe)은 일종의 일반화된 담론의 격발을 끊임없이 야기해 왔다. 그리고 성에 관한 담론들은 권력 밖에서나 그것에 대항해서가 아니라,

---

2) ibid., p.21.

그것이 행사되고 있던 바로 거기에서 권력 행사의 수단으로 기능한다. 말하게 하려는 선동의 수단들이, 듣고 기록하는 장치들이, 관찰하고 질문하고 정식화하기 위한 절차들이 도처에서 마련되어 왔다.[3] 우리는 여기서 성에 관한 하나의 담론보다는 갖가지 제도들 속에서 기능하는 일련의 기제들에 의해 산출된 많은 담론들이 문제된다는 점에 주목할 필요가 있다.

> "중세에는 육욕과 고해 성사의 실천이라는 주제를 중심으로, 눈에 띄게 단일한 담론이 체계화되었다. 최초의 여러 세기 동안, 그 상대적 단일성은 인구 통계학, 생물학, 의학, 정신병학, 심리학, 윤리학, 교육학, 그리고 정치 비판에서 구체화된, 뚜렷하게 서로 구분되는 담론들(discursivité)의 폭발로 인해 해체되고 흩어지고 증식되었다. … 우리의 지난 세 세기를 특징짓는 것은 성을 숨기려는 한결같은 배려나 언어활동의 일반적인 수줍음이라기보다는 성에 대해 말하기 위해, 그것에 대해 말하게 하기 위해, 그것에 대해 말해지는 것을 듣고 기록하고 베껴 쓰고 재분배하기 위해 사람들이 발명한 도구들의 다양성이며 그것들의 광범위한

---

3) ibid., p.45.

분산이다."[4]

푸코는, 우리가 현재 몸담고 있는 작금의 사회이자 19세기 부르주아 사회 또한 성적 도착이 폭발적으로 나타난 시대라고 본다. 성적 도착은 모호하게 담론과 제도들에 떠맡겨져 있었기에 여기서 문제가 되는 것은 사회가 육체와 성에 대해 기능하게 한 권력의 유형이다.

이러한 권력의 유형은 법의 형태나 금지의 형식을 취하지 않는다. 오히려 그것은 특이한 성적 욕망들의 세분화를 통해 진행하며, 그것에 한계를 설정하지 않는다. 그것은 성적 욕망을 배제하는 것이라 개인들에 대한 특성 분류의 방식으로 육체 속에 끼여들며, 성적 욕망을 피하려고 애쓰지 않는다. 반대로 쾌락과 권력이 서로를 보강하는 나선을 통해 여러 가지 성적 욕망들의 변종들을 끌어들이며 최대로 포화된 장소를 마련한다.

이러한 맥락에서 성적 도착의 장착(l'implantation des perversions)은 빅토리아 왕조 시대의 교훈적 주제가 아니라 일종의 권력이 육체와 육체의 쾌락에 간섭함으로써 생

4) ibid., pp.46～47.

긴 실제적 산물이다. 즉, 이때 성적 도착의 장착은 결과 겸 수단(effet-instrument)이다. 성과 쾌락에 대한 권력 관계가 세분화되고, 증가하며, 육체를 평가하고, 행동에 스며드는 것은 바로 주변적인 성적 욕망을 격리시키거나 증대시키고 공고히 함으로써이다.

권력의 확대로 인한 성적 욕망의 세분화, 이 여러 가지 성적 욕망들 하나하나에 간섭하는 권력의 증대, 이러한 연쇄고리는 특히 19세기 이래 의학, 정신병학, 매춘, 포르노그라피의 증가에 힘입어 쾌락에 대한 분석적 세분화와 쾌락을 통제하는 권력의 증대에 연결되어 왔다. 쾌락과 권력은 서로를 부정하지 않으며, 서로 쫓고 겹치고 서로에게 활기를 준다. 양자는 자극과 선동의 복합적인 기제들에 따라 서로 이어져 있는 것이다. 이러한 주장 위에서 푸코는 근대 산업 사회가 성에 대해 한층 더 억압적 시대를 열었다는 가설은 분명 포기되어야 한다고 본다.[5)]

> "일찍이 이보다 더 많은 권력의 중심, 더 많은 수다스런 관심, 더 많은 순환적 접촉과 유대, 그리고 농밀

5) ibid., p.65.

한 쾌락과 집요한 권력이 각자 자체의 더 폭넓은 확산을 위해 서로의 불꽃을 돋우는 더 많은 장소들이 있었던 적은 없다."[6)]

2. 성의 과학화(scientia sexualis) 과정

중세 이래로 고백은 성에 관한 참된 담론의 생산을 지배하는 일반적인 모체였으며 오늘날도 마찬가지라는 것이 푸코의 생각이다. 고백을 통하여 사회는 개인의 쾌락에 관한 속내 이야기를 끌어내고 듣는 일에 관여하게 된다. 이런 과정에서 고백의 절차들은 확산, 다양화되었고, 그 영역 또한 확대되었다. 고백의 내용들은 때로 기록의 절차를 거치면서 문서화되기도 하고 때로는 사라져갔으나 의학과 정신병학 및 교육학에 힘입어 견고하게 자리를 잡기 시작했다.

그리하여 "쾌락의 표본도감이 확립됐고 분류 체계가 정해졌으며, 일상에서 일어나는 흔해빠진 결함이 병적인 이

---

6) ibid., p.67.

상이나 증상의 악화로 묘사되었다."[7] 이제 고백은 진실한 담론을 담지한 과학의 담론으로서 육체와 생명에 관한 과학적 담론의 형태를 띠게 되었다. 푸코는 19세기를 거치면서 근대 서양을 특징짓는 성을 둘러싼 앎에의 의지가 고백의 관례를 과학적 규칙성의 도식 안에서 기능하게 한 방법들을 찾아내고 성에 관한 고백이 어떻게 과학적인 형태로 구성되기에 이르렀는지를 분석한다.[8]

우선 푸코는 '말하게 하기'(faire-parler)의 임상적 체계화에 의해 과학화의 과정을 거치게 되었다고 설명한다. 고백과 검토, 자기 자신의 이야기와 판독할 수 있는 징후 및 증상 전체의 전개를 결합시키는 것, 자세한 질문, 기억을 환기시키는 최면, 자유연상 등은 과학적으로 받아들일 만한 관찰 결과들의 영역 안에 고백의 절차를 다시 포함시키기 위한 수단이라는 것이다.

둘째, 널리 퍼진 일반적 인과 관계라는 공리에 의해 가능했다고 본다. 19세기에는 모든 질병과 육체적 기능 장애가 적어도 부분적으로는 성적인 병인을 갖는다고 생각

7) ibid., p.85.

8) ibid., pp.87~90 참조.

되었다. 어린이들의 나쁜 습관에서 성인의 폐병, 노인의 뇌졸중, 신경질환, 종족의 퇴화에 이르기까지, 당시 의학은 성적 인과 관계의 그물을 완벽하게 엮었다. 푸코는 성이 모든 것의 원인이라는 원칙은 고백의 절차가 과학의 실천 내에서 기능하도록 하는 데 있어 이론적 장치라고 본다.

셋째, 성적 욕망에는 본질적으로 잠재성이 있다는 원리에 의해 가능했다고 설명한다. 성을 과학적 담론의 기획에 통합시킴으로써, 19세기는 고백의 방향을 다른 곳으로 돌렸으며, 그리하여 고백은 단순히 주체가 숨기고 싶어하는 것을 대상으로 하는 것이 아니라 주체 자신에게도 숨겨져 있고 그래서 묻는 자와 질문당하는 자가 하께 참여하는 고백의 작업을 통해서만 점차적으로 해명될 수밖에 없다는 논리가 깔려 있다.

넷째, 해석의 방법이 주요 위치를 차지하기 때문이다. 진실을 생산하는 작업이 과학적으로 유효하게 되려면 해석의 과정을 거쳐야 한다는 주장 때문이다. 고백을 듣는 자는 단순히 위로나 용서를 하는 입장이 아니라 고백을 가로질러 그것을 판독함으로써 진실의 담론을 구성해야

한다. 고백을 증거가 아니라 징후로 삼고, 성적 욕망을 해석되어야 할 어떤 것으로 만듦으로써 19세기는 고백의 절차를 과학적 담론의 형성에 끼워 넣어 기능하게 만들 가능성을 획득했다.

다섯째, 고백 효과의 의학화에 의해 가능했다. 정상과 병리의 규범에 의해 성적인 것에 고유한 병적 특성이 부여되고, 성은 병리학적으로 매우 취약한 영역으로, 즉 본능, 성향, 심성, 쾌락, 행동에 관한 질병학의 중심으로 나타난다. 그리하여 고백은 진단에 반드시 필요하고 그 자체로 치료에 효과적인 것으로서 적절한 시기에 말해진다면 그 병은 치유될 수 있다는 논리이다.

고백의 기술과 과학적 담론 및 성이 교차하는 위와 같은 지점에서 성적 욕망은 '본래부터' 존재하는 것으로서, 즉 병리학적 과정에 편입될 수 있는 것으로서 치료나 정상화의 개입을 불러일으키는 영역이자 판독되어야 할 장이며 인과 관계의 발원지로 이해된다.

따라서 푸코는 우리 삶에 깊숙이 침투해 있는 성 장치를 무조건 부정할 것이 아니라 그러한 장치들을 사실로 받아들여 분석의 방향을 돌리는 것이 중요하다고 본다. 그래서 일반적으로 허용된 억압이나 우리가 알고 있다고 추정하는 것에 맞서는 무지로부터가 아니라, 지식을 생산하고 담론을 증식시키며 쾌락을 유도하고 권력을 발생시키는 기제들로부터 출발하여, 그것들의 출현과 작용 조건에 귀 기울일 필요가 있다고 강조한다. 성적 욕망이라는 구체적인 사례에 의거하여, 앎에의 의지에 대한 '정치 경제학'을 성립시키는 것이 우리의 작업이라는 게 푸코의 요지이다.

3. 성적 욕망의 장치가 작용하는 영역과 전략

푸코는 성적 욕망이란 가장 눈에 안 띄는 요소가 아니라 가장 많은 술책에 이용될 수 있고 다양한 전략들을 위해 거점 또는 연결점의 구실을 할 수 있기 때문에, 오히려 도구로 이용될 가능성이 가장 큰 요소 가운데 하나라고 본다. 그는 성의 모든 현상을 포괄하는 하나의 현상이 있다고 보지 않으므로 성에 대한 지식과 권력의 특수한 장치들을 탐색한다. 그리하여 18세기 이래 전개되어 온 네 가지 주요 전략[9]들을 제시한다.

첫째, 여성 신체의 히스테리화를 든다. 여성 육체는 성으로 가득 찬 것으로 여겨졌고 그 육체에 고유한 병리학의 영향으로 의학적 실천의 영역에 통합되었고, 사회체나 가족의 삶과 유기적 교섭을 갖는다.

둘째로, 성 장치는 어린이의 성을 교육의 영역에 끌어들여 문제화한다. 모든 어린이는 성적 활동에 몰두하거나 그러기 쉬운 경향을 갖는데 그러한 성적 활동은 부당하다고 보고 부모, 교사, 의사, 심리학자가 개입한다. 관련된 쾌락을 다양한 방식으로 추적하면서 그런 위험이 내재한 모든 곳을 감시한다. 푸코는 이와 같이 성적 권력이 아이들의 성적 행위들을 작용 지점으로 삼아 그 영향력을 증대시킨다고 본다.

셋째로, 성 장치가 생식활동을 사회적으로 관리하는 점을 든다. 여기에는 경제적 측면에서 부부의 생식력을 격려하거나 제한하는 사회화, 정치적 측면에서 사회체에 대한 부부의 책임을 명시하는 사회화, 의학적 측면에서 병원(病源)의 효과를 산아 제한으로 설명하는 사회화 등이 있다.

---

9) ibid., pp.137～139 참조.

넷째로, 성 장치는 도착적 쾌락을 정신의학에 편입한다. 여기에서는 성적 본능을 침범할 수 있는 모든 비정상을 분석하고 모든 행동을 정상화와 병리학에 편입한다. 성적으로 낯선 양상들을 비정상의 범주에 넣고 교정 기술 체계를 작동시킨다.

결국 성 장치는 권력이 억누르려고 하는 일종의 자연적 소여나 어두운 영역이 아니라 일종의 역사적 장치인 셈이다. 다시 말해 그것은 파악하기 힘든 은밀한 실재가 아니라 육체에 대한 자극, 쾌락의 증대, 담론에의 선동, 지식의 형성, 그리고 통제 및 저항의 강화가 앎과 권력의 몇몇 중요한 전략에 따라 서로 얽히게 되는 거대한 표면 조직망이라고 할 수 있다.[10)]

푸코가 이 지점에서 포착하는 또 하나의 사실은 성이 대단히 긍정적인 담론들을 수없이 증식시켜, 결국 개인이나 주민들의 행동을 통제하고 규격화하는 힘을 행사하는데 그것이 바로 생체 권력(bio-pouvoir), 즉 생명을 관리하는 권력이라는 것이다.

---

10) ibid., p.139.

4. 죽음에 대한 권리와 삶에 대한 권력
(droit de mort et pouvoir sur la vie)

지금까지 성 장치가 어떻게 근대적 욕망을 만들어내는가를 살펴보았다면 이제는 생명을 관리하는 권력(bio-pouvoir)이 어떻게 근대적 주체를 생명이라는 개념 틀로 접근해 나가는가를 푸코의 분석을 따라 살펴보자.

오랫동안 군주의 권력을 특징짓는 특권의 하나는 삶과 죽음에 대한 권리였다. 군주는 자신의 생존이 위태롭게 될 경우, 신하에게 이 같은 권리를 행사한다. 그래서 군주를 타도하거나 그의 권리를 인정하지 않으려는 외부의 적이 생기면, 군주는 전쟁을 통하여 신하에게 생명을 담보로 국가의 방위에 참여할 것을 요구할 수 있다. '직접적으로는 그들의 죽음을 꾀하지' 않으면서 합법적으로 '그들의 목숨을 위태롭게 할' 권리를 갖는다. 이런 방식으로 군주는 그들에 대해 '삶과 죽음에 대한' 간접적인 권리를 행사한다.[11] 군주에게 항거하거나 법령을 위반하는 자 또한 징

11) ibid., pp.177～178 참조.

벌한다는 이유로 그들의 생명을 빼앗을 수 있다. 우리는 이 같은 상황을 1757년, 국왕(루이 15세) 살해범인 다미앙(Robert François Damiens)의 잔혹한 처형 장면에서 목격할 수 있다.

이런 식의 삶과 죽음에 대한 권력은 비대칭적이다. 살게 하거나 죽게 내버려둘 권리는 군주로부터 나올 뿐 그 역은 성립되지 않기 때문이다. 이러한 권력이 행사되는 양태는 주로 징수, 생산물, 재산, 봉사, 노동 갈취에서 비롯되었고 생명 탈취에서 극에 달한다.

그러나 고전주의 시대 이래로 이러한 기제는 변화를 겪는다고 푸코는 설명한다. 징수나 갈취는 이제 더 이상 권력 행사의 주된 형태가 아니라 선동, 강화, 통제, 감시, 조직화의 기능을 하는 여러 가지 요소들 가운데 하나에 지나지 않는 경향을 띠게 된다는 것이다. 푸코에 따르면, 파괴의 측면에 몰두했던 권력이 이제는 여러 힘을 산출하고 증대시키고 조직하는 데 몰두한다. 그리하여 죽음에 대한 권리는 삶을 관리하는 권력의 요구 쪽으로 방향을 선회하기 시작한다. 막강했던 죽음에 대한 권력이 이제는 삶을 관리하고 최대로 이용하고 통제하며 전체적으로 조절하려고 시도하는 권력의 보완물로서 주어진다.

> "전쟁은 더 이상 수호되어야 할 군주의 이름으로 행해지지 않는다. 모든 사람의 생존이라는 명목으로 전쟁이 이루어지며, 주민들 전체가 생존의 필요라는 명목 아래 서로 죽이도록 훈련받는다. 그토록 많은 체제가 그토록 많은 전쟁을 수행함으로써 그토록 많은 사람들을 죽이게 만들 수 있었던 것은 삶과 생존, 육체와 종족의 관리자로서이다."[12)]

오늘날의 핵무기 상황은 이 과정의 귀착점이라고 할 수 있는데, 한쪽의 주민 전체를 죽음에 직면케 하는 권력은 또 다른 주민에게는 생존의 유지를 보증하는 권력의 이면이기 때문이라는 것이 푸코의 주장이다. 소규모 전투를 뒷받침하던 원리, 즉, 살아남기 위해서는 죽일 수 있어야 한다는 원리가 국가간의 전략의 원리로 변했다. 문제는 더 이상 군주권이라는 법적인 존재가 아니라 주민이라는 생물학적 존재인 것이다.

이 같은 상황을 염두에 두고 사형의 문제를 살펴보자.

---

12) ibid., p.179.

사형은 오랫동안 칼의 논리가 취하는 또 하나의 형태로서 군주의 의지나 신병에 위해를 가하는 자에 대한 응징수단 중의 하나였다. 그런데 전쟁에서 죽는 자의 숫자가 증대하는 것과는 반대로 처형대에서 죽는 자는 점점 감소했다. 푸코는 권력이 삶을 관리하는 쪽으로 방향을 돌리면서 사형이라는 형벌이 점점 자취를 감추게 된 것은 인도주의적 감정이 팽배해서가 아니라 권력의 존재 이유와 그 행사의 논리가 바뀌었기 때문이라고 설명한다.

이제 '죽게 하든지'(faire mourir) '살게 내버려두든지'(laisser vivre) 하는 낡은 권리 대신에 '살게 하든지'(faire vivre), '죽음 속으로 내쫓는'(jeter dans la mort) 권력이 등장한 것이다. 권력은 삶에 영향을 미치며 삶의 흐름에 따라 전개된다. 과거에 자살은 군주만이 행할 수 있는 죽음에 대한 권리를 침해하는 방식이었기에 죄로 간주되었으나 19세기 이후 자살은 사회학적 분석의 영역에 포함되는 최초의 행동 가운데 하나가 되었다. 푸코는 자살이 삶에 행사되는 권력의 경계와 틈새에 개인적이고 사적인 죽을 권리를 출현시켰다고 본다.

푸코에 따르면, 삶에 대한 권력은 17세기 이후, 두 주요 형태로 전개되어 왔다. 두 극은 서로 상반되는 것이 아니라 상보 관계에 있다. 하나의 극은 기계로서의 육체(le corps comme machine)에 중심을 두고, 육체의 조련, 육체의 최대 활용, 육체의 유용성과 순응성의 증대, 효과적이고 경제적인 통제 체계로의 육체의 통합에 초점을 맞춘다. 이 모든 것은 '규율'을 특징짓는 권력인 인체의 '해부 정치학'(anatomo-politique du corps humain)에 의해 견고하게 된다. 또 다른 극은 생명의 역학에 관계되며 생물학적 과정에 연루되는 종개념으로서의 육체(le corps espèce)를 중심으로 한다. 여기서는 생식, 출생률과 사망률, 건강 수준, 수명, 장수 그리고 이러한 것들을 변화시킬 수 있는 제반 조건들이 중심 문제이다. 따라서 인구를 대상으로 한 '생체 정치학'(une bio-politique de la population)이라고 할 수 있다.[13]

신체에 대한 규율과 인구 조절은 삶에 대한 권력의 조직화가 이루어지는 공간에서 두 극을 이루는 셈이다.

"고전주의 시대에 자리잡기 시작한 이 양극적인—

13) ibid., p.183.

해부학적인 동시에 생물학적이며, 개별화하는 동시에 특성별로 분류하고, 육체의 기능과 삶의 과정에 관심을 집중하는 ― 거대한 기술 체계는, 이제부터는 죽이는 것이 아니라 온통 삶을 둘러싼 것들에 집중되는 권력을 특징짓는다."14)

푸코는 오래 전부터 군주의 권력을 상징하던 죽음에 대한 권리는 이제 육체와 삶에 대한 관리 영역으로 진입한다고 설명한다. 그리하여 고전주의 시대에 다양한 규율제도들이 ― 학교, 병영, 일터 ― 급속하게 나타나고, 정치와 경제의 영역에 출생률, 장수, 공중보건, 주거, 이주의 문제들이 등장하며, 신체의 관리와 주민의 통제를 위한 다양한 기술들이 폭발적으로 나타난다. 인구 통계학, 다양한 삶에 대한 분석, 관념학파의 등장은 바로 이러한 맥락에서 이해될 수 있다. 성적 욕망의 장치 또한 바로 이러한 배치 위에서 기능한다고 볼 수 있다.

이러한 생명 통치 권력은 자본주의 발전에 불가결한 요소라고 볼 수 있다. 왜냐하면 자본주의는 생산 체제 내에

---

14) ibid., p.183.

통제된 육체를 통합시킬 필요가 있었으며 인구 현상의 조정을 조건으로 해서 확고해질 수 있었기 때문이다. 말하자면, 인력의 축적을 자본의 축적에 맞추어 조절하고 인간집단들의 증가를 생산력 확대와 이윤의 차별적 배분에 결부시키는 두 조작은 다양하게 행사되는 생명 통치 권력에 의해 부분적으로 기능하게 되었다. "인간이라는 종의 생명에 고유한 현상들이 앎과 권력의 영역 안으로 진입한 것이다."[15]

기아와 전염병으로 인해 드리워졌던 죽음의 문제는 생명 일반에 관한 지식의 발달과 농업 기술의 개량, 생명에 관한 일반적 통제에 의해 사라지게 되었고, 그 여유 공간에 삶의 과정에 대한 권력과 앎의 개입 및 통제의 시도가 끼여들었다. 푸코는 이때가 바로 역사상 처음으로 생물학적인 것이 정치적인 것에 반영되었을 시기라고 본다.

생명 통치 권력의 발전이 가져온 하나의 특기할 만한 사실은 규범이 등장함으로써 법률 체계를 희생시키고 보다 더 중요한 자리를 차지하게 되었다는 점이다. 법이 죽

15) ibid., p.186.

음으로 무장하고 위반하는 자에 대한 위협 수단으로 삼았다면, 삶에 대한 권력은 지속적인 조절과 교정의 기제를 필요로 한다. 여기서 푸코가 강조하고 싶은 것은 법이 사라지고 있다거나 사법제도들이 소멸하고 있다는 것이 아니라 법이 점점 더 규범으로서 기능하게 되고 사법제도는 조절기능과 관련되어 있는 의료기관이나 행정기관들에 통합되어 간다는 것이다. 그러므로 규범화를 추구하는 사회는 삶을 중심으로 한 권력 기술 체계의 역사적 결과인 셈이다. 정치적 투쟁의 쟁점이 된 것은 이제 법 그 자체가 아니라 삶, 육체, 건강, 행복, 그리고 요구의 만족에 대한 권리인 것이다.

정치적 쟁점으로서 성이 중요한 자리를 차지하는 이유는 삶에 근거를 둔 모든 정치적 기술 체계가 전개되어 온 역사에서 성이 두 중심축의 연결점에 해당되기 때문이다. 한편으로 성은 규율 효과가 작동하는 거점인 신체와 결부되고, 다른 한편으로는, 인구 조절과 관련된 여러 문제에 적용되기 때문이다.

"그것은 세밀한 감시, 끊임없는 통제, 지극히 꼼꼼한

공간적 구획 정리, 무한정의 의학적 심리학적 검사, 육체에 대한 모든 미세 권력을 야기할 뿐만 아니라, 대대적인 조치, 통계학적 추정, 사회체 전체와 여러 집단들에 개입한다. … 성은 육체의 생명과 동시에 인류라는 동물종의 생명에 대한 접근의 수단이다."[16]

성은 규율이 기대고 있는 모체로서 또 조절의 원리로서 이용된다. 그래서 19세기에 성적 욕망은 추적당하고, 행동을 통해 탐지된다. 또한 생식을 선동하거나 억제함으로써 정치적 조작과 경제적 개입의 매개물이 된다. 말하자면, 육체의 조련이라는 규율의 목적과 인구 조절이라는 목적을 다양한 형태로 결합시키는 여러 전술 전체가 성에 관한 기술 체계의 한쪽 끝에서 다른 쪽 극까지 일정하게 늘어서 있는 것이다. 육체와 인구의 접합점에서, 성은 죽음의 위협보다는 오히려 삶의 관리를 둘러싸고 조직되는 권력의 중심적 표적이 된다.[17]

푸코는 오랫동안 우리 사회를 지배해 왔던 것이 '피의 사회'(société de sang)였다면, 이제는 '성의 사회'(société

16) ibid., p.191.

17) ibid., p.193 참조.

du sexe) 즉, 성적 욕망의 사회(a sexualité)로 변모하게 되었다고 설명한다. 혼인제도, 군주의 정치 형태, 신분과 인습적 계급에서 나타나는 차별화, 가계의 중요성이 지배하는 사회에서 권력은 피를 통해 행사되고 피는 하나의 기본적 가치를 이루므로, 이러한 사회에서 피는 상징적 기능을 하는 현실이다. 반면에, 육체, 삶, 생명, 종족, 건강, 자손, 인구를 매개로 권력이 작동하는 성의 사회에서 성적 욕망은 일정한 의미와 가치를 지니는 효과로서 기능한다. 권력은 성적 욕망의 윤곽을 뚜렷이 나타나게 하고 그것을 부추기며 달아나지 않도록 늘 통제해야 할 대상으로서 사용한다. 여기서 푸코는 성의 사회로 피의 사회를 대체하겠다는 의도를 가지고 있다기보다는 성적 욕망이 우리 사회에서 억압당해 왔기는커녕 반대로 끊임없이 부추겨지는 이유를 찾고자 한다. 그는 '피의 상징학'(une symbolique du sang)에서 '성적 욕망의 분석학'(une analytique de la sexualité)으로 옮겨가게 한 것은 바로 고전주의 시대에 구상되어 19세기에 실행된 새로운 권력 절차들이라고 본다. 피, 법, 죽음, 위반, 상징 체계, 군주권 등은 피에 속하는 반면, 규범, 삶, 규율, 조절 등은 성적 욕망에 속한다.

5 장

맺음말

지금까지 푸코가 자신의 고유한 방법론인 고고학과 계보학을 통하여 『광기의 역사』, 『감시와 처벌』, 『성의 역사 1』을 어떻게 구성, 전개해 나갔는가를 그의 새로운 문제 틀 속에서 면밀히 접근해 보았다. 그 과정에서 근대적 주체가 특정한 역사적 시기에 특정한 권력 장치와의 관계를 통해 만들어진 산물이자 효과임을 알게 되었다. 여기에서 나타나는 주체는 규율이 작용하는 거점으로서 또 그것에 순응하기 위해 육체를 지닌다. 또한 그것은 성적 욕망의 장치에 의해 관리되는 성적 주체이기도 하고 생명을 관리하는 권력과 생체 역사(생명을 관리하는)가 꿈틀거릴 수 있도록 매개하는 개체들이기도 하다.

푸코의 문제 제기가 갖는 독특함은 기존의 문제에 완벽

한 답을 제시하는 것에 있지 않다. 그보다는 오히려 그의 문제 제기가 갖는 장점은 다른 관점, 다른 구조를 제시한다는 데 있다. 근대적 주체가 어떻게 구성되는가를 검토하는 과정에서 그는 이상적 근대인의 모습이나 바람직한 육체의 조련 과정에 대해 질문하지 않는다. 그가 추구하는 것은 이러한 육체의 조련과 규율, 감시 체계에 내재한 권력 기술과 그 틈을 오가는 힘의 관계이다.

푸코에게서 항상 중요한 문제로 떠오르는 것은 바로 주체와 진리의 관계에 관한 것이다. 어떻게 주체가 특정한 놀이 안으로 들어오게 되는가? 예컨대 어떻게 해서 특정 시대에 광기가 문제로 간주되고, 몇 가지 과정을 거친 결과 의학적으로 치료되어야 할 질병으로 간주되는가? 어떻게 해서 광인이 특정한 지식에 의해 규정되는 진리 놀이 또는 의학적 모델 속에 놓이는가? 문제가 되는 것은 주체가 어떤 조건 속에 종속되고 또 어떤 위치를 점유하며 어떤 조절 체계를 따르는가? 또 한편 인식 대상으로 되기 위해서는 어떤 조건이 필요한가? 또 어떻게 그것이 우리의 인식에 대상으로 등장하여 문제화될 수 있는가? 즉, 대상화의 양식을 결정하는 것이 문제이다.

대상과 주체의 이러한 관계는 상호 독립적으로 이루어지는 것은 아니다. 상호 관계 속에서 이루어지며 진리 놀이가 태어나는 것 또한 양자의 상호 전개와 상호 관계 속에서이다. 그러므로 이러한 주체는 현상학적 주체나 실존적 주체와는 근본적으로 다르다. 그것은 또한 항상적이고 불변하며 안정된 실체가 아니라 권력 관계에 의해 구성되는 하나의 형식이다. 문제는 바로 진리 놀이 관계 속에 놓여 있는 주체가 갖는 이러한 상이한 형식들의 역사적 구성이다.

푸코는, 모든 사회는 정상화와 규제적 기능을 갖는 자체의 진리를 생산한다고 본다. 예컨대 정치 경제학은 자본주의 사회에서 일정한 역할을 수행함으로써 부르주아 계급의 이익에 기여해 왔으며 처벌 체계의 정당화는 당시의 형법 체계 속에서 이루어졌다는 것이다. 따라서 이러한 담론들 또는 진리의 제도들이 주어진 사회의 지배적 권력구조와의 관계 속에서 어떻게 작동하는가를 밝혀내는 것이 계보학자의 과제이다.

결국 푸코가 권력과 지식의 상관 관계 속에서 문제삼고 싶은 것은 어떤 담론이 과학적인가, 진리인가 거짓인가의 문제가 아니라, 어떻게 진리의 효과들이 그것 자체로는 진리도 거짓도 아닌 담론 내에서 생산되는가의 문제이다. 여기에서 특징적인 것은 권력과 지식 양자 사이에는 어떤 우선적 결정 계기가 없다는 점이다. 왜냐하면 지식과 권력의 효과들은 상호 결정 관계 속에서 생산적 역할을 하기 때문이다.

앞서 살펴본 바대로 『성의 역사』에서도 이른바 주체가 진리 놀이(jeu de vérité) 안에 대상으로 끼워 넣어질 수 있는 양식들에 대한 연구가 이루어진다.[1] 주체와 진리 관계에 대한 이러한 접근은 몇 가지 방법적 선택을 함축한다. 우선 그는 모든 인간학적 보편주의를 괄호로 묶고, 우리 지식 체계에 보편 타당한 것으로 알려져 있는 모든 내용을 검토하고 의문을 제기한다. 즉 체계적 회의주의(un scepticisme systématique)의 방법을 시도한다. 예컨대, 인간 본성, 주체에 관련되어 있는 모든 개념 등을 반성하고 분석한다. "이것은 참, 거짓의 규칙들을 따라 주체를 병자로서 인식 가능케 하는, 또는 주체가 성적 욕망의 양식 내

---

1) Michel Foucault, *Dits et écrits*, vol. 4, Gallimard, coll., Bibliothèque des sciences humaines, 1994, pp.635∼636.

에서 자신의 가장 본질적인 부분을 인식 가능케 하는 것을 허용하는 조건들에 대해 자문하는 것이다.[2)]

바로 이때, 구성적 주체(le sujet constituant)의 개념 또한 전면적으로 거부된다. 대신에 주체가 구성되는 구체적 실천들이 중요한 문제로 떠오른다. 푸코는 바로 그것에 의해 주체와 대상이 상호 구성되고 타자와 관련하여 변형되는 경험에 고유한 과정들을 나타나게 한다. 말하자면 정신병, 비행, 성의 담론들이 진리의 어떤 특별한 놀이 안에서만 작동하고 있음을 보여준다. 그러나 이러한 놀이들은 필연적 인과성이나 구조적 결정들에 따라 외부에서 주체로 부과되는 것은 아니다. 그것들은 서로 그러한 경험의 장을 열고, 바로 그 속에서 주체와 대상이 구성되고 변형되며 이러한 경험의 장 또한 끊임없이 변화를 겪는다.[3)]

주체와 대상의 이러한 상호 구성과정을 이해하기 위해 푸코는 역사적 변화에 상응하는 상이한 실천들을 분석한다. 이러한 푸코의 새로운 접근은 사실상 진행된 문제들의 개념화 작업을 요청한다. 따라서 역사적 실천들을 통하여

---

2) ibid., p.634.

3) ibid., p.634.

주체가 대상화되는 상이한 양식들을 연구하기 위해 푸코는 권력 관계(relations de pouvoir)와 관련된 개념들을 근본적으로 다르게 규정한다.

푸코에게 중요한 것은 권력의 규칙적이고 합법적인 형태들에서 그것의 일반적인 메커니즘이나 전체적인 효과를 분석하는 것이 아니라 마치 모세혈관처럼 가늘어진 끄트머리 윤곽선에서부터 권력을 포착하는 것이다. 즉, 가장 국지적이고 지역적인 형태와 제도들 속에서 권력을 포착하는 것이다. 특히 권력을 조직하고 한정짓는 법칙을 넘어서서 권력이 제도 속으로 파고들고, 기술로 구체화되며, 물질적 개입의 도구가 되는 그러한 장소에서 권력을 포착하는 것이 문제이다.4)

그는 이미 확립되어 있는 개념들인 권력, 주체, 자유의 개념들에 대해 끊임없이 반성, 분석하지만 그가 사용하는 이러한 개념들은 사실상 기존의 개념들과는 근본적으로 다른 의미를 담고 있다. 그러나 재미있는 것은, 이러한 개념들을 다른 방식으로 개념화하지만, 그는 그러한 개념들

---

4) Michel Foncaul, *Il faut défendre la société*, Paris: Gallimard, 1997, p.25 참조.

을 동일한 정치, 사회 현상들에 적용한다는 점이다.

푸코는 우리에게 "권력이론이 진정 필요한 것인가?" 라는 질문을 던진 뒤에, 이론이란 사전에 객관화 작업을 전제로 하기 때문에, 분석 작업의 기초로 사용될 수 없다는 결론을 내린다. 그렇지만 그와 같은 분석 작업은 지속적인 개념화 작업을 통하지 않고는 불가능하기 때문에, 그 또한 자신의 분석 작업을 전개하기 위해 개념화 작업을 시도한다.

물론 이때 그가 의미하는 개념화란 비판적 사고, 즉 끊임없이 개념을 확인하는 작업을 뜻한다. 이것은 바로 우리가 그의 기획을 '사유의 비판적 역사'(l'histoire critique de la pensée)라고 부르는 이유이다. 물론 이러한 의미에서, 사유의 비판적 역사는 획득의 역사나 진리 엄폐의 역사가 아니라 진리 게임 출현의 역사이다.

푸코의 관점에서 근대적 주체는 근대의 발명품이다. 그래서 그는 이러한 근대적 주체가 어떤 지식 체계와 과정 및 테크닉을 통해 구성되는가에 초점을 맞춘다. 그러나 우리는 그에게 어떤 주체를 대안으로 내놓을 것인가, 또는 어떤 사회제도를 추구해야 하는가를 묻는다면 이는 근대의 도식에 그를 다시 정위시키는 것에 불과하게 된다. 왜냐하면 인간을 세계의 본질이자 최고의 존재로 간주하고 이 위에서 세계를 결정지으려고 하는 것은 근대적 인식틀이나 실천 방식에 특유한 것이기 때문이다.

주체에 대한 푸코의 계보학적 분석은 지고불변의 '주체'나 '참된 진리'를 찾는 데 목적을 두고 있는 것이 아니라 '주체'로 구성된 산물이 어떤 우연적 계기와 사건 및 차이의 놀이를 통해서 작동하는가를 탐색하는 것이고, 이때의 주체가 어떤 권력 장치와 관계 맺고 있는가를 드러내는 것이다. 우리는 그의 문제 틀과 접근 방법을 근대의 문제 틀에서 비판하는 것에서 탈피하여 그의 문제 제기 자체가 담고 있는 의미와 적절성을 다시 한번 되새겨볼 필요가 있다.

그는 완전히 다른 사회나 제도, 다른 문화를 내세워 세계를 총체적으로 바꾸려고 하지 않을 뿐만 아니라 또 그것이 가능하다고 보지 않는다. 보편적 문제 제기와 총체적 변화는 또 다른 억압과 폐해를 가져올 뿐이므로 잠정적이고 국지적인 접근만이 우리에게 가능하고 또 필요하다고 본다.

그는 권력 작용을 어떤 주체에서 나오는 총체적 힘으로 보지 않기 때문에, 즉 탈 중심화된 것으로 보기 때문에 그것에 대항하는 총체적 대안이나 저항 및 주축은 존재하지 않는다. 총체적 변혁을 이룰 유일한 집단이나 계급은 존재하지 않으며 여러 가지 방식으로 다양하게 접근할 수 있는 저항만이 있을 수 있다. 그래서 자신이 속해 있는 공간에서 구체적이고 특정한 투쟁을 하는 특수한 지식인의 역할이 필요할 뿐이다.

참고문헌

• 푸코의 저작

Maladie mental et personnalité, Paris: éditions des presses Universitaires de France, 1954.

Folie et déraison: histoire de la folie à l'age classique, Paris: éditions Plon, 1961 - réédité en 1972 chez Gallimard avec une préface différente et deux appendices : "la folie, l'absence d'œuvre" et "mon corps, ce papier, ce feu" 『광기의 역사』, 김부용 옮김, 인간사랑, 1991.

Maladie mental et psychologie, Paris: éditions des Presses Universitaires de France, 1962 - édition révisée de Maladie mental et personnalité.

Naissance de la clinique Une archéologie du regard médical, Paris: éditions des presses Universitaires de France, 1963.

『임상의학의 탄생』, 홍성민 옮김, 인간사랑, 1993.
Raymond Roussel, Paris: éditions Gallimard, 1963.
Les mots et les choses: une archéologie des sciences humaines, Paris: éditions Gallimard, 1966. 『말과 사물』, 이광래 옮김, 민음사, 1989.
L'archéologie du savoir, Paris: éditions Gallimard, 1969. 『지식의 고고학』, 이정우 옮김, 민음사, 1992.
L'ordre du discours, Leçon inaugurale au Collège de France du Décembre 1970 - Paris: éditions Gallimard, 1971.
Surveiller et punir: naissance de la prison, Paris: éditions Gallimard, 1975. 『감시와 처벌』, 박홍규 옮김, 강원대 출판부, 1993.
Histoire de la sexualité, t. 1 : La volonté de savoir, Paris: éditions Gallimard, 1976.
Histoire de la sexualité, t. 2 : L'usage des plasirs, Paris: éditions Gallimard, 1984.
Histoire de la sexualité, t. 3 : Le souci de soi, Paris: éditions Gallimard, 1984. 『성의 역사』, 1, 2, 3, 이규현 외 옮김, 나남, 1992.
Résumé des cours 1970-1982, Paris: éditions Julliard(à titre posthume), 1989.
Dits et écrits, vol. 1, 2, 3, 4, Paris: Gallimard, coll. *Bibliothèque des sciences humaines*, 1994.

Il faut défendre la société: cours au Collège de France 1976, Paris: Gallimard, 1997.
Les anormaux: cours au Collège de France 1974-1975, Paris: Gallimard, 1999.

• 푸코에 관한 주석서

Auzias, Jean Marie, *Michel Foucault: qui suis-je?*, Paris: éditions La Manufacture, 1986.
Baudrillard, Jean, *Oublier Foucault*, Paris: éditions Galilée, 1977.
Blanchot, Maurice, *Michel Foucault tel que je l'imagine*, Paris: éditions Fata Morgana, 1986.
Boyne, Roy, *Foucault and Derrida: the other side of reason*, London: Unwin Hyman Ltd., 1990.
Barry, Andrew, Thomas Osborne, and Nikolas Rose(eds.), *Foucault and Political Reason: Liberalisme, Neo-liberalisme and Rationalities of Government*, London: UCL Press, 1996.
Carrette, Jeremy R, *Foucault and Religion: Spiritual Corporality and Political Spirituality*, London and New York: Routeledge, 2000.

Carroll, David, *Paraesthetics: Foucault, Lytord, Derrida.*

Canguilhem, George, *Le normal et le pathologique*, Paris: Presses Universitaires de France, 1996.

Dean, Mitchell, *Governmentality: Power and Rule in Modern Society*, London and New Delhi: Sage Publications, 1999.

Deleuze, Gilles, *Foucault*, Paris: Les Editions de Munit, 1986.

Didier, Eribon, *L'infréquentable Michel Foucault: Renouveaux de la Penséee critique*, Actes du colloque, Centre Georges-Pompidou 21-22 Juin 2000, Paris: EPEL, 2001.

Dreyfus, H. and Rabinow, P., *Michel Foucault: Beyond Structuralisme and Hermeneutics*, Chicago: University of Chicago Press, 1982.

Garry, Gutting, *Michel Foucault's Archaeology of Scientific Reason*, Cambridge University Press, 1989, *Cambridge Companion to Foucault*, Cambridge University Press, 1994.

Gordon, Colin(ed.), *Power Knowledge: Selected Interview and Other Writings*, New york: Pantheon Books, 1972.

Flynn, Thomas, *Sartre, Foucault, and Historical Reason: Toward an Existentialist Theory of History*, Chicago, 1997.

Habermas, Jurgen, *Der Philosophische Diskurs der Moderne*, Frankfurt am Mein: Suhrkamp Verlag, 1985.

Kelly, Michael(ed.), *Critique and Power: Recasting the Foucault / Habermas Debate*, Cambridge: The MIT Press, 1995.

McNay, Lois, *Foucault: A Critical Introduction*, Cambridge: Polity Press, 1994.

Moss, Jeremy(ed.), *The Later Foucault*, London: Sage Publications, 1998

Owen, David, *Maturity and Modernity: Nietzsche, Weber, Foucault and the Ambibalance of Reason*, London and New York: Routledge, 1994.

Poetzl, Pamela Major, *Michel Foucault's Archaeology of Western Culture: Toward a New Science of History*, Chapel Hill: North Carolina University Press, 1983.

Prado, C. G., *Starting Foucault: An Introduction to Genealogy*, San Francisco: Westview Press, 1995.

Rajchman, John., *Michel Foucault: The Freedom of Philosophy*, New York: Columbia University Press, 1985.

Smart, Barry, *Foucault, Marxism, and Critique*, London: Routledge, 1983.

Smart, Barry, *Modern Conditions, Postmodern Contoversies*, London: Routledge, 1992

Szakolczai, Arpad, *Max Weber and Michel Foucault: Parallel Life Works*, London: Routledge, 1988.

• 푸코에 관한 논문이 실려 있는 학술지

L'évolution psychiatrique, n° 36, 1972. (Articles par J. Laboucarie, H. Ey, G. Daumézon, H. Sztulman)

Humanities in Society, n° 3 , hiver 1980. (Articles par M. Sprinker, P. Bové, K. Racevskis, M. Cavallari, J. Arac, J. Baudrillard)

Magazine littéraire, n° 101, 1975. (Articles par B. H. Lévy, J. Revel, M. Kravetz, P. Venault, R. Bellour)

Magazine littéraire, n° 207, mai 1984. (Articles par M. Donnelly, H. L. Dreyfus & P. Rabinow, F. Ewald, A. Farge, C. Gordon, C. Jambet, D. Loschak, P. Pasquino, K. Von Bulow)

Michel Foucault: une histoire de la vérité, Paris: éditions Syros, 1985. (Articles de R. Badinter, P. Bourdieu, J. Daniel, F. Ewald, A. Farge, B. Kouchner, E. Maire, C. Mauriac, M. Perrot)

Critique, N° 471-472, 1986: "Michel Foucault du monde entier"

Le Débat, n° 41, septembre-novembre 1986.

Hoy, David, Couzens, *Foucault: A critical Reader*, Oxford: Basil Blackwell, 1986.

Journal of Médecine and Philosophy, n° 12, novembre 1987:

"Michel Foucault and the philosophy of medecine"
Arac, Jonathan, *After Foucault: Humanistic knowledge, post-modern challenges*, New Brunswick: Rutgers UP, 1988.
Bernauer, James & Rasmussen, David, *The Final Foucault*, Cambridge: MIT Press, 1988.
Revue Internationale de Philosiphie, Volume 44, n° 173, 1990.
Burchell, Graham, Gordon, Collin & Miller, Peter, *The Foucault Effect. Studies in Governementality*, Chicago: University of Chicago Press, 1991.
Giard, Luce, *Michel Foucault: lire l'œuvre*, Grenoble: éditions J érome Million, 1992.
Brossat, Alain, *Michel Foucault: les jeux de la vérité et du pouvoir*, Nancy: Presses Universitaires de Nancy, 1994.
Zarka, Yves Charles(ed.), *Cités: Michel Foucault: de la guerre des races au biopouvoir*, Presses Unversitaires de France, 2000.

• 푸코에 관한 논문

Aladjem, T., "The Philosopher's Prism: Foucault, Feminism and Critique", *Political Theory* n° 19, 1991, pp.277-291.
Allen, B., "Government in Foucault", *Canadian Journal of*

Philosophy, n° 21, 1991, pp.421-440.

Allo, E., “Les dernières paroles du philosophie: dialogue entre G. Dumézil et M. Foucault à propos du souci de l’â me”, *Actes de la recherche en science sociale*, n° 61, mars 1986, pp.83-88.

Almansi, G., “Foucault and Magritte”, *History of European Ideas*, n° 3, 1982, pp.303-310.

Amiot, M., “Le relativisme culturalisme de Michel Foucault”, *Les Temps Moderne*, n° 248, Janvier 1967, pp.1271-1298.

André, R., “Le trésor de Raymond Roussel”, *La nouvelle revue française* 129, 1er septembre 1963, pp.489-494.

Aries, P., “Apropos de la Volonté de Savoir”, *L’Arc*, n° 70, pp. 27-32.

Arron, H., “Wittgenstein’s Impact on Foucault”, *Wittgenstein and His Impact on Contemporary Thought*, Vienne, 1978, Holder-Pichler-Tempsky, pp.58-60.

Aronowitz, S., “History as Disruption: on Benjamin and Foucault”, *Humanities in Society*, n° 2, 1979, pp.125-152.

Aronson, A. L., “Medecine: History and Theory”, *The Yale Review*, n° 3, Mars 1974, pp.473-476.

Askenazy, J., “Michel Foucault et les lendemains de l’homme”, *Nouveau Cahiers*, n° 9, Printemps 1967, pp.16-19.

Auzias, J. M., “Les giants et les mleureuses. Pour un tombeau de Michel Foucault", *Revue international de philosophie*, Volume 44, n° 173, 1990, pp.262-276.

Avtonomova, N., "La critique de la raison anthropologique", *Michel Foucault: les jeux de la vérité et du pouvoir*, Nancy: Presses Universitaires de Nancy, 1994, pp.33-40.

Balibar, E., "Foucault et Marx: l'enjeu du nominalisme", *Michel Foucault philosophie*(Rencontre internationale, Paris 9,10, 11 Janvier 1988), Paris: éditions du seuil, 1989, pp.54-75.

Barbedette, G., "La culture de soi-même", *Les nouvelles*, 28 Juin-5 Juillet 1984, pp.52-54.

Bellour, R., "L'homme, les mots", *Magazine littéraire*, n° 101, Juin 1975, pp. 20-23.

Bellour, R., "Une rêve morale", Magazine litéraire, n° 287, Mai 1984, pp.27-29.

Bellour, R., "Vers la fiction", *Michel Foucault philosophe* (Rencontre internationale, Paris 9, 10, 11 Janvier 1988), Paris: éditions du Seuil, 1989, pp.172-181.

Bernauer, J. & Mahon M., "The Ethics of Michel Foucault", *The Cambridge Companion to Foucault*, Cambidge: Cambridge University Press, 1994, pp.141-158.

Bernauer, J., "Foucault's Political Analysis", International Philosophical Quarterly, Juin 1982, pp.87-95.

Bernauer, J., "Par de la vie et de la mort", *Michel Foucault philosophe*(Rencontre internationale, Paris 9, 10, 11 Janvier 1988), Paris: éditions du Seuil, 1989, pp.302-326.

Bodei, R., "Pouvoir, Politique et maîtrise de soi", *Critique*, n° 471-472, Août-septembre 1986, pp.898-917.

Bomiot, G., "L'effet Foucault", *Actes*, n° 54, 1986, pp.30-32.

Bourdieu, P., "Le plaisir de savoir", *Le Monde*, n° 12260, 27 Juin 1984, pp.1 et 10.

Brown, P. L., "Epistémology and Method: Althusser, Foucault, Derrida", *Cultural Hermeneutics*, n° 3, 1975-76, pp.147-163.

Canguilhem, G., "Mort de l'homme ou épuisement du cogito?", *Critique*, n° 242, Juillet 1967, pp.599-618.

Carroll, D., "The Subject of Archaeology or the Sovereignty of the Episteme", *MNL* n° 93, pp.695-722.

Castel, R., "Les aventures de la pratique", *Débat*, n° 41, septembre-Novembre 1986, pp.41-51.

Cavallari, H. M., "Savoir et Pouvoir: Michel Foucault's Theory of Discursive Practice", *Humanities in Society*, n° 3, Hiver 1980, pp.55-72.

Caws, P., "Language as the Human Reality", *The New Republic* n° 164, 27 Mars 1971, pp.28-34.

Cercle D'epistemology: Question à Michel Foucault, *Cahiers pour l'analyse* n° 9, 1968, pp.5-8.

Chevalley, C., "L'archive de la physique", *Michel Foucault: lire l'œuvre*, Grenoble: éditions Jérôme Million, 1992, pp.141-169.

Cixous, H., "Cela n'a pas de nom, ce qui se passait", *Débat* 41, Septembre-Novembre 1986, pp.153-158.

Coles, R., "Shapiro, Genealogy and Ethics", *Political Theory*, n° 17, 1989, pp.575-579.

Colombel, J., "Contrepoints poétiques", *Critique* Août-Septembre 1986, n° 471-472, pp.775-787.

Colombel, J., "Les mots de Foucault et les choses", *La nouvelle critique* n° 4, Mai 1967, pp.8-13.

Connolloy, W. E., "Discipline, Politics, and Ambiguities", *Political Theory*, 1983, n° 11, pp.29-52.

Corvez, M., "Les nouveaux Structuralistes", *La revue philosophique de Louvain*, t. 67, n° 96, Novembre 1969, pp.434-533.

Cranston, M., "Les 'périodes' de Michel Foucault", *Preuves* n° 209-210, Août-Septembre 1968, pp.72-75.

Culler, J., "Words and Things: Michel Foucault", *The Cambridges Review* n° 92, 19 Janvier 1971, pp.104-105.

Damico, R., "Introduction to the Foucault / Deleuze Discussion", *Télos* n° 16, été 1973, pp.101-102.

Damico, R., "Text and context: Derrida and Foucault on

Descartes", *The Structural Allegory*, Manchester: Minneapolis UP, 1984,

Draki, "Michel Foucault's Journey to Greece", *Télos* n° 67 Printemps 1986, pp.87-110.

Davidson, A., "Ethics and Ascetics: Foucault, the History of Ethics, and Ancient Thought", *The Cambridge Companion to Foucault*, Cambridge: Cambridge University Press, 1994, pp.115-140.

Davidson, A. I., "Archaeology, Genealogy, Ethics", *Foucault: A Critical Reader*, Oxford, 1986, pp.140-152.

Deleuze, G., "Désir et plaisir", *Magazine littéraire*, n° 325, Octobre 1994, pp.57-65.

Deleuze, G., "L'homme, une existence douteuse", *Nouvelle Observateur* n° 81, 1er Juin 1966, pp.32-34.

Delooz, T., "Après Foucault: dire, parler, penser", *Les Etudes Philosophiques*, Octobre-Décembre 1986, pp.441-450.

Dews, P., "The Nouvelle Philosophie and Foucault", *Towards A Critique of Foucault*, London: Routledge & Kegan Paul, 1986, pp.61-106.

Donnelly, M., "Michel Foucault's Genealogy of Human Sciences", *Towards A Critique of Foucault*, London: Routledge & Kegan Paul, 1986, pp.15-32.

Donnelly, M., "Des divers usages de la notion de biopouvoir",

Michel Foucault Philosophie(Rencontre internationale, Paris 9, 10, 11 Janvier 1988), Paris: éditions Seuil, 1989, pp. 230-236.

Dreyfus, H. L. & Rabinow, P., "Habermas et Foucault: qu'est-ce que l'âge d'homme?", *Critique* n° 471-472, Août-Septembre 1986, pp.857-872.

Dreyfus, H. L. & Rabinow, P., "l'étude de l'homme", *Magazine littéraire* n° 207, Mai 1984.

Ewald, F., "Anatomie et corps Politique", *Critique* n° 343, D écembre 1975, pp.1228-1265.

Ewald, F., "Foucault et la modernité", *Magazine littérare* n° 212 Novembre 1984, pp.70-72.

Ewald, F., "Michel Foucault et la norme", *Michel Foucault: lire l'œuvre*, Grenoble: éditions Jérôme Million, 1992, pp. 201-222.

Ewald, F., "Un Pouvoir sans dehors", *Michel Foucault Philosophe*(Rencontre internationale, Paris 9, 10, 11 Janvier 1988), Paris: éditions du Seuil, 1989, pp.196-203.

Farge, A., "Face à Histoire", *Magazine littéraire* n° 207, Mai 1984, pp.40-43.

Feldman, J., "Revue de la volonté de savoir", *Cahiers internationaux de scoilogie* n° 63, pp.370-373.

Flynn, B., "Michel Foucault and Comparative Civilizational

Study", *Philosophy and Social Criticism*, 1978, n° 5, pp.145-158.

Flynn, B., "Sexuality Knowledge and Power in the Thought of Michel Foucault", *Philosophy and social Criticism*, 1981, n° 8, pp.329-348.

Fraser, N., "Foucault on Modern Power: Empirical Insights and Normative Confusions", *Praxis international*, 1981-1982, pp.272-287.

Glücksmann, A., "Le nihilism de Michel Foucault", *Michel Foucault philosophe*(Rencontre internationale, Paris 9, 10, 11 Janvier 1988), Paris: éditions du Seuil, 1989, pp.395-399.

Gordon, C., "Governmental nationality: an Introduction", *The Foucault Effect: Studies in Governmentality*, University of Chicago Press, 1991, pp.1-52.

Gradev, V., "Foucault et les jeux de vérité", *Michel Foucault: les jeux de la vérité et du pouvoir*, Nancy: Presses Universitaires de Nanncy, 1994, pp.41-50.

Grosrichard, A., "N'avouons jamais", in *Omicar* 10, Juin 1997, pp.94-105.

Gruber, D., "Foucault's Critique of the Liberal Individual", *Journal of Philosophy*, N° 86, 1989, pp.615-621.

Habermas, J., "Apories d'une théorie du pouvoir", *Le discours philosophique de la modernité*, chap. 10, pp.315-319.

Habermas, J., "Les sciens humaines démasquéees par la critique: Michel Foucault", *Débat* n° 41, Septembre-Novembre 1986, pp.794-799.

Habermas, J., "Une flèche au cœur du temps présent", *Critique* n° 471-472, Août-Septembre 1986, pp.794-799.

Hacking, I., "Self-improvement", *Foucault: A Critical Reader*, Oxford: Basil Blackwell Ltd., 1986, pp.235-240.

Hadot, P., "Réflexions sur la notion de 'culture de soi' ", *Michel Foucault Philosophe*(Rencontre internationale, Paris 9, 10, 11 Janvier 1988), Paris: éditions du Seuil, 1989, pp.261-269.

Hahn, O., "Interprétations de Raymond Roussel", *Les temps Modernes* n° 218, Juillet 1964, pp.163-171.

Harootunian, H. D., "Foucault, Geneanology, History: The Pursuit of Otherness", *After Foucault: Humanistic Knowledge, Postmodern Challenges*, New Brunswick: Rutgers UP, 1988, pp.97-109.

Hauser, P., "Foucault et la critique", *Michel Foucault: les jeux de la vérité et du pouvoir*, Nancy: Presses Universitaires de Nancy, 1994, pp.25.-33.

Hodge, J., "Habermas and Foucault: Contesting Rationality", *Irish Philosophical Journal*, 1990, pp.60-78.

Honneth, A., "Foucault and Adorno: deux formes d'une critique de la modrnité", *Critique* n° 471-472. Août-Septembre 1986, pp.800-815.

Hoy, D. "Foucault: Modern or Post-modern?", *After Foucault: Humanistic Knowledge, Postmodern Challenges*, New Brunswick: Rutgers UP, 1988, pp.12-41.

찾아보기